僕が社長であり続けた、ただ一つの理由

ウエディング業界に革命を起こした

信念の物語

日紫喜 誠吾
HISHIKI SEIGO

幻冬舎 MC

僕が社長であり続けた、ただ一つの理由

ウエディング業界に革命を起こした信念の物語

はじめに

僕が社長を務めているウエディングパークは、日本最大級のクチコミ数を誇るウエディング情報サイトを運営しています。結婚式場を探しているカップルの皆さんは、いろんな情報が知りたい。そんな中、実際に結婚式を経験した先輩たちのクチコミ情報には、とても高い支持をいただいています。「インターネットで探すなら、ウエディングパークだ」というありがたい声もよく頂戴します。

ウエディングパークが誕生したのは、１９９９年。今年で創業20周年を迎えます。

クチコミサイトをスタートさせたのは、２００４年のことです。僕は当時、27歳。わずか３名からのスタートでした。それから15年経ち、会社は今や１６０名の従業員を擁するまでになっています。

とりわけ新卒採用をスタートさせた２０１２年からは成長軌道に乗り、毎年約１２０％の成長を遂げてきました。ベンチャーといえば、もっと急激な成長をイメージする人もいらっしゃいますが、ウエディングというビジネスを考えれば、むしろ２０１２年以降はとても順調な成長を遂げることができたと社長の僕自身、感じています。

社内からアイディアを募り、すでに新規事業もスタートさせています。フォトウエディング・前撮りの検索サイト「Photorait（フォトレイト）」。婚約・結婚指輪のクチコミ情報サイト「Ringraph（リングラフ）」。結婚衣装選びのクチコミ情報サイト「DRESPIC（ドレスピック／現・ウエディングパーク ドレス）」。いずれも順調な成長を続けています。

また、恋愛や結婚、結婚式、夫婦関係など結婚の「今」と「未来」に関わる情報を発信し、結婚について考えるきっかけを提供するメディア「結婚あした研究所」や、人工知能技術が未開拓なウエディング業界で、その活用可能性を探ろうと「Wedding Park AI Lab」を設立したり、新しい取り組みも推し進めています。

新卒の社員たちが会社づくりに参画できる取り組みもあり、そこから生まれた制度も合わせ、社内ではユニークな制度がたくさんあります。また、僕自身、経営者として理念やビジョンの重要性を強く認識し、そこから生まれる社内のいいカルチャーづくりにこだわってきました。

そんな中、ウエディングパークは２０１８年、組織・人事コンサルティング会社のリンクアンドモチベーションのモチベーションクラウドにおいて、社員への調査による組織偏差値（エンゲージメントスコア）が「70・2」、11段階のランク「ＡＡＡ」（出現率は3％ほどなのだそうです）となり、２０１9年3月には、組織状態が良い会社ということで対象企業約１２００社の中、「ベストモチベーションカンパニーアワード（7位）」を頂戴しました。

また、ブライダル文化の発展や業界の振興・啓蒙に貢献したとして、全日本ブライダル協会によるアワード「ブライダルエディター賞 2018」を受賞。ウエディングパークが業界においてクチコミサイトの先駆けとして、2004年からイノベーションを起こし続けていることを高く評価していただきました。

ただ、創業時から、会社が順風満帆でうまくいったわけではまったくありませんでした。それどころか、ビジネスモデルをめぐっての社内対立や役員・社員の大量退職、4年にわたって社員をほとんど増やすことができなかった停滞期、さらには新たなビジネスモデルの模索をめぐる苦しみ、組織が急拡大していくときに直面した風通しの悪化など、振り返ればまさに苦労の連続でした。

ウエディングパークは、サイバーエージェントのグループ企業です。1999年に創業し、一時は数十人規模の会社になるものの、その後、競合の登場などでどんどん縮小してしまい、創業メンバーの2名だけになっていたときにサイバーエージェントが子会社化。ビジネスを新たにつくり替えたのでした。

僕は2000年にサイバーエージェントに入社し、広告営業に従事していたのですが、営業局長を務めていたとき、サイバーエージェントの藤田晋社長に「やってみないか」と声をかけられ、ウエディングパークの責任者になりました。

当初、社長を務めていた藤田に代わり、僕が社長に就任したのは2005年ですが、クチコミをテーマにするという新しいビジネスモデルの導入をはじめ、まったくのゼロからウエディングパークをつくり上げてきた自負があります。

ご想像いただけるかもしれませんが、ウエディング業界はマクロ的に見れば、かなり厳しい状況にあります。日本は少子化で人口が減り、結婚適齢期の人たちがどんどん減っています。そんな中で未婚率が増えていることもあり、婚姻数は大きく減ってきています。

しかも、ウエディングは基本的に「リピート」がない業界です。一度きりのお付き合いとなるお客さまを、ずっと開拓し続けなければなりません。

こうした中で、いかに結婚式をするカップルに支持されるサイトをつくり上げるか。僕たちの事業の肝であるクチコミのクオリティを上げていくか。結婚式場やホテルからの信頼を得るか。サイトを見に来てもらい、ぴったりの式場選びにつなげられるか……。そのチャレンジをずっと続けてきたのでした。

よく周囲から言われたのは、「難しい事業でしょう」という問いかけでした。そんな中で、いかに経営の舵取りをしてきたのか。ウエディングパークというゼロからスタートさせたベンチャーを軌道に乗せたのか。苦労しながらも、どんなふうに組織をまとめ上げ、活性化させてきたのか……。

これから起業する方に、すでに立ち上げた組織をより良いものにしたい、事業を拡大していきたい、良いカルチャーづくりをしたいという経営者やマネジメントの方に、少しでもヒントになるのではと考え、こうして20周年の節目として本書を書かせていただくことになりました。

僕は決して器用ではないと思っています。およそベンチャーの経営者らしくない、と言われることもあります。

しかし、こんなベンチャーがあり、こんなベンチャーの経営者もいる、ということをぜひ知っていただけたらと思っています。

目次

8. 信念を貫き通して見えた突破口

9. 起死回生の一手、そして……

10. ウエディングビジネスという「天命」

0.
プロローグ

「いい会社ができた」と思えた、10周年記念パーティー

2014年4月。ウエディングパークは全国の結婚式場との有料契約数で日本一になることができました。2004年にウエディング業界で初めて本格的にクチコミサイトをスタートして10年。インターネット広告に特化し、直販営業モデルで一軒一軒、結婚式場に懸命に提案を続け、ついに、です。

これは、本当にうれしい出来事でした。僕自身、「有料契約式場数で一番になろう」「10年目に達成して、みんなで大きなお祝いをやろう」と社内にずっと発破をかけてきましたので、狙い通りになった大きな成果でもありました。ウエディングパークが有料契約式場数で1位になったニュースは、業界紙などでも大きく取り上げられ、社内も湧きました。

そして約束通りこの年、日本一になったお祝いを兼ねてウエディングパークの10周年パーティーを、創業以来お世話になっている、僕たちのお客さまでもある八芳園の宴会場をお借りして開催したのでした。

社長の僕は初めて羽織袴を着て会場へと足を踏み出しました。創業から本当にいろんなことがありました。クチコミを勝手に掲載するとは何事だ、と結婚式場からのお叱りの電話を受け

たこともありました。役員や社員の大量退職、ビジネスモデル転換をめぐっての激論、部下からの厳しい突き上げ……。会社がバラバラに空中分解しそうな時期もありました。

だからこそ、僕が社長として心掛けてきたのは、苦しいときにこそ、みんなで団結でき、お互いを思いやれて、切磋琢磨して成長していくことができるような社内カルチャーをつくらなければいけない、という思いでした。

理念やビジョンにこだわり、行動規範をつくり、早い段階から新卒社員を迎え入れて、そうしたカルチャーづくりに挑んできたつもりでした。ちょうどこのときは、新卒社員が2期生まで入社し、3期生の内定者もパーティーに呼んだのですが、日本一という出来事もあり、なんとも一体感を持てる場が生まれていたのでした。

そんな中で起きたのが、大きな「サプライズ」でした。パーティーの途中、新卒1期生と2期生を中心に構成していた社内活性化のプロジェクトチームから、突然、僕に声が掛かったのです。2014年は、社長の10周年でもある、ということで、僕へのプレゼントがある、と言うのです。

何が出てくるのか、と思いましたが、それは僕の想像を超えたものでした。彼らは僕に内緒で、僕の妻と子どもから手紙をもらってきてくれていたのです。その場で、手紙をみんなの前で読み上げてくれたのでした。

僕は涙が止まりませんでした。まさか、の本当のサプライズ。妻の言葉、子どもの言葉もうれしかったですが、何よりこうしたサプライズを、社長を相手に仕掛けてくれたことがうれしかった。

どうにかして、僕を喜ばせてやろう、泣かせてやろう、ということだったのだと思います。それをみんなで、一生懸命に考えてくれて、「社長の家族にこんなことをして良いのか」と思いながらも、妻や子どもに連絡を取ってくれたのだと思いました。

そんな社員の気持ちがうれしかった。そんな気持ちを持ってくれる社員を、育てることができたことがうれしかった。良いカルチャーの会社ができたんだな、良い仲間を持つ社風の組織がつくれたんだな、と僕は思いました。それを心から確信することができた瞬間でした。

笑顔で拍手をしてくれ、大きな一体感に包まれている社員の姿を、壇上に上がって見渡しながら、僕は感激していました。社長という仕事の素晴らしさを、改めて実感していました。これから、もっともっと頑張っていかねば、と思いました。

クチコミ情報で日本最大級のウエディング情報サイト

結婚準備クチコミ情報サイト「ウエディングパーク」がスタートしたのは、2004年6月16

日です。それまで日本には、本格的なウエディング情報のクチコミサイトはありませんでしたので、日本で最初のウエディング情報のクチコミサイトのオープンでもありました。

もっと言えば、当時は今のようにツイッターやフェイスブック、インスタグラムなどのSNSもなく、いわゆる一般の人が直接、情報を発信することはまだまだ珍しく、クチコミサイトなどという言葉も一般的ではありませんでした。

一昔前のカップルは、結婚式をするとなれば、結婚情報誌をめくって結婚式場を探すのが一般的でした。2004年は、ちょうどインターネットが急速に普及していた時期。式場選びに関するクチコミサービスがあればいいのではないか、と考えたのです。

ほとんどのカップルにとって、結婚式は初めての経験。失敗したくないのは当然のことです。ところが、どのように式場を選んだら良いのか、分からない。僕自身、2000年に結婚していますが、情報誌はやはり情報が一方通行ですので、本当にどんな式場なのかが見えにくいという印象を持っていました。

基本的にイメージ産業でもありますから、良いことしか書かれないことは多くの人が想像できることです。あらゆる手を使ってイメージを良くして、なんとか集客していこうとしているようにも見える。

そこで僕が考えたのが、実際に結婚式を体験した人たちのリアルな情報が集まるサイトなら、ニーズがあるのではないか、ということでした。

当初、僕はウエディングパークの親会社となる、サイバーエージェントで仕事をしていました。後に詳しく書きますが、ウエディングパークがサイバーエージェントのグループ会社になったとき、僕はまだインターネット広告の営業を手掛ける部門の五人の局長のうちの一人でした。

その後、ウエディングパークのビジネスを担当することになり、ユーザーの観点からいえば、クチコミがウエディング業界の中にないこと自体がおかしい、と思ったのでした。

ともすれば情報が偏り、一部の情報誌が大きな影響力を持っているような産業で果たして良いのかどうか。もっと選択肢を広げるべきではないか、ユーザーの声がこれから重要になるのではないか……。これは結婚を経験していた、僕自身が感じたことでした。

今、日本には約5000の結婚式場があります。実はこうした総数も、ウエディングパークの事業をスタートしたときには、どこにもデータがありませんでした。では、どうやって把握したのかというと、クチコミが入ってきたのです。

それこそ事業を始めてからは、「全国には、こんなにいろんな結婚式場があるのか」という驚きの連続でした。そうした多くの人に知られざる結婚式場の情報が、クチコミによって続々と入ってきたのです。

クチコミの件数が日本最大級、という表現をしていますが、それは比較のしようがないからで、おそらく日本一の数字だと思っています。こうして僕たちは、約5000の結婚式場のデータベースを構築することになりました。これだけの数の結婚式場のクチコミが見られるのが、ウエディングパークなのです。

実際に結婚式を挙げた人、参列した人でなければ分からない細かなクチコミを見たい、というたくさんのカップルにご利用いただいています。

良いクチコミがなぜこんなにたくさん集まっているのか

実際の体験者のクチコミが見られるメディア、というのがサービスの大きな特色ですから、大事なことは役立つクチコミをどれだけ集められるか、ということです。ただ、ウエディングにおいてのクチコミは、発信したかった人たちが実は大勢いたのだ、ということに僕たちは気づかされることになります。

サイトをスタートさせる前から、クチコミを集めることを強化してきましたが、改めて感じたのは、結婚式をした人たちの多くが、自分たちの話を聞いてほしいと思っていた、ということです。

うれしい体験を語りたい、式場への感謝を伝えたい、次に結婚する人たちにぜひ知っておいてほしい……。そんな貢献欲求が、ウエディングシーンではとても高いものがあったのです。中には、ありがたいことではあるのですが、こちらが読むのに大変な文章量のクチコミもありました。

当時は、ツイッターやフェイスブックなど、思いを発露する場所がなかった。そこに、ウエディング業界で初めて、そうした体験談をきちんと載せてくれて、しかもそれが未来の花嫁の役に立つ、というストーリーが強く支持されたのです。

クチコミといえば、誹謗中傷ばかりなのではないか、と思われる方もいるかもしれませんが、蓋を開けてみると、95％くらいは良いクチコミでした。

実は最初の5年間は、僕自身がすべてのクチコミをチェックしていましたが、「訴えてやる！」などの一方的な誹謗中傷表現はむしろ例外でした。良いクチコミが多いと気づけたことは、クチコミサイトとして成立させられる、という手応えを感じた出来事の一つでもありました。

ただ、悪口は掲載しない、ということではありません。「柱が邪魔で新郎新婦がよく見えなかったと言われた」などというリアルなクチコミは、次に結婚式を挙げる人には貴重な情報です。事前に分かっていれば、結婚式場側にも対処策をお願いできるかもしれないのです。

今では、よりリアルで役に立つクチコミを投稿してもらうために、さまざまな取り組みを推し進めています。例えば、どんな投稿がありがたいか。「良かった」と一行書かれているだけでは、なかなか参考にならない。そこで、こんなクチコミがうれしい、というサンプルを出したり、字数を定めたりしています。

また、今では8割がスマートフォンからのアクセスですので、スマートフォンでいかに投稿しやすいか、書きやすいか、写真をアップしやすいか、ということを考え、技術的につくり込んでいます。

いかにネット上で最後まで記入してもらえるか、という点はどの業界でも悩みの一つですが、そのためにフォームをどのように変えていけるか、どう変えれば何パーセント向上するか、という試行錯誤を繰り返し、何度もリニューアルを経て今の投稿フォームができあがっています。

また、最近ではインスタグラムの人気にも現れていますが、わざわざ文字を読むよりも、できれば写真でどんどん見ていきたい、というニーズがとても強くなってきています。

クチコミというと、いわゆるテキストベースの文章がメインですが、ウエディングパークでは「フォトコミ」と呼んでいる、写真をクチコミのように投稿できるスタイルも取り入れています。

ウエディングパークのユーザー投稿では、ウエディングの写真もおそらく日本一だと思います。これもまた他と比較のしようがないことではあるのですが、とにかく大変な数のウエディングに関わる写真が見られるのです。

参列者からの投稿もできますので、「ケーキ入刀のシーンが参列者からこんなに綺麗に見えた」、「結婚式場のスタッフの案内がとても丁寧だった」など、おそらく式場側からはなかなか出さない情報も見られるようになっています。ですので、ユーザーからはとても高い評価をもらっているのだと思います。

最近では、花嫁の結婚式準備の実例を実際のスケジュールに沿って写真と文章で綴る「ハナレポ」が、投稿する側からも、読者側からも支持をいただいています。

しかし、ご想像いただけるかもしれませんが、事業を始めた当初は「クチコミ」というだけで、結婚式場側はかなりナーバスになっていました。これが、さまざまな問題を引き起こすのですが、後に詳しく語ります。

業界No．1を目指し、知られる存在に

ウエディングパークをスタートさせた頃、多くの結婚式場が実は頭を悩ませていたことを、僕は改めて知りました。結婚式場にとって、何よりも課題になるのは、いかに結婚式をするカップルを集客するかです。これができなければ、売り上げを立てることができない。

基本的にリピートがないビジネスモデルになりますから、常に新しいカップルを探し続けな

ければなりません。しかし、少子化もあって結婚するカップルの数は減り続けていました。そのために、常に広告を出し続けないといけない、という状況になっていたのです。

紙媒体などの広告費のアップで結婚式場は収益性を下げてしまっていました。利益率が10％を切ってしまうケースもあったと聞きました。

こうした中で、広告費がさらに値上がりすると当然、経営は逼迫します。したがって、他に選択肢はないものか、というニーズは全国のどの式場でもありました。とりわけ地方の結婚式場からは、「高すぎてテレビＣＭや紙媒体には広告が出せない」という声が聞こえてきていました。

また、「インターネットを見てきました」というカップルが少しずつ増え始め、インターネット上の集客を増やしたほうが良いのではないか、という時代の流れを感じ始めた頃、ちょうど出てきたのが、僕たちでした。

結婚式場は、実は中小企業がほとんどです。５０００の式場があっても、上場しているところは10もない。多くが地方都市で、「半径20キロ圏内で商売できれば」という式場が多いのです。

しかも、インターネット展開が遅れている業界で、地方ではさらに遅れていました。そこに自ら出ていったのが、僕たちでした。これは後に詳しく書きますが、僕たちのスタイルは直販です。社員が直接、お客さまのところを訪問するスタイルです。

創業期には、社長の僕自身も自ら出かけていきました。式場のオーナーと一緒に酒を酌み交わし、トップ営業をしていた時代もあります。「インターネット企業って、もっとスマートだと思ったけど泥臭いね」「社長が来るんだね」と言われたことも一度や二度ではありませんでした。

かつ、僕たちのサイトのコンセプトは、「式場探しの決め手が見つかるクチコミサイト」。「決め手が見つかる」というのは今のウエディングパークの一番のユーザーベネフィットですが、一方で広告掲載する式場、とりわけ地方の式場や他にはない特色を持つ式場にとっても、大きな魅力になりました。

情報誌はパラパラと見ていく一覧性がありますが、実はユーザーのニーズというのは、とても細かいのです。「光の入るチャペルがいい」「バージンロードの長い場所がいい」「××市で結婚式を挙げたい」などなど。

しかし、ニーズが細かくなっても検索ができるのが、インターネットの良いところです。検索のバリエーションが情報誌の数百倍もある。自分のニーズに合わせて比較検討できる情報検索性があるのです。

後に、こうしたニーズ自体がコンテンツ化されていくことになりますが、さまざまな式場の特徴に、カップルが興味を持ってくれる可能性が高まる、ということにつながります。

こうしたインターネットの特性、わざわざ東京から社長もやってくる直販の泥臭さ、さらにはクチコミ情報をマーケティングして分析したレポートを付加価値として使ったりする提案型の営業などによって、ウエディング業界から、僕たちは次第に認知されるようになっていきました。

当時から「有料契約式場数で日本一になりたい」と宣言し、お客さまからも「日本一を応援するよ」「頑張って」と、応援いただくようになっていったのです。

以後、クチコミをうまく活用して、式場はサービスの充実を図るようになるなど、良い流れが生まれていきました。インターネットが遅れていた業界でしたが、僕たちも勉強会を開いたり、サイトから得られるいろんな情報を簡単にビジュアル化したり、レポートしたりできる管理画面を開発するなど、サポートを推し進めてきました。

次々に競合が現れてくる中、こうしたさまざまな取り組みを評価いただき、「インターネットならウエディングパーク」と言われるまでになった今につながっているのだと考えています。

1.

キーエンスから
サイバーエージェントへ

人に感動を与える側になりたい。それが、社長業への関心だった

僕は28歳でウエディングパークの社長になりました。いつか社長になりたい、という思いで、当時はまだ海のものとも山のものとも分からないインターネット業界に飛び込もうと、サイバーエージェントに転職をしたのでした。

父親は普通のサラリーマンでしたし、まわりに経営者がいたわけではありません。起業家が少しずつ有名になっていく時代でしたが、まわりを見渡して「そんな人は世の中に本当にいるの？」と思っているほどでした。

転機になったのは、大学3年のとき。就職活動が近づいてきて、「そもそもどういう大人になりたいのか」を考え始めたことでした。一つ見えた方法論が、自分がワクワクしたり、かっこいいと思う大人はどんな人なのか、というシンプルな問いかけでした。

そこで真っ先に浮かんだのが、大好きだった映画。僕は１９７６年に岐阜で生まれたのですが、当時はテレビでよく洋画を放映していました。それを家族で集まって観ていたのです。

映画を観ていると、心がジーンとしたり、熱くなったりします。感動できるというのは、とても素敵なことだな、と改めて気づきました。その気づきの一歩先にあったのが、どうせ大人にな

るのであれば感動を与える側になりたい、という思いでした。そういう大人になれたら、かっこいいな、と。

僕はスティーブン・スピルバーグ監督の映画が特に好きでした。ヒューマンタッチでも、アクションドラマでも、常にいろんな感動がある。スピルバーグ監督こそ、僕が最もかっこいいと思っていた人物でした。世の中に対して作品を打ち出し、感動させられるのは、本当に凄いことだ、と。

ただ、映画をつくるということになると、これはこれでまわりに誰もいません。スピルバーグ監督のような人になりたいな、とは思ったものの、映画監督が仕事なのか、ということも含めて、あまりに飛躍し過ぎていて、ピンときませんでした。そこで、「そうか、映画でなくてもいいから、自分で何かをつくって多くの人に感動してもらえるようなものを提供すればいいのか」と思い至ったのです。

このとき、自分の意思を貫いて、感動づくりができる職業としてシンプルに浮かんだのが、社長という立場でした。いつか自分が社長になって、人を感動させられるような仕事を生み出していこう。そう決めたのです。これが、大学3年のときでした。

ただ、何をやるかは分からない。自分は何が向いているのかも分かりませんでした。大学で京都に行き、世界の広さを実感していました。自分の可能性は、まだまだあるのではないかとも思っていました。

僕は、実は理系出身です。僕が学んだ同志社大学には、研究成果で世界で5本の指に入ると言われるディーゼルエンジンの研究室があり、そこに所属していました。大手自動車メーカーの研究所に学校推薦で行けるようなゼミでした。

ただ、そのぶん厳しい。朝から晩まで研究尽くし。プライベートはほとんどない。留年する可能性も高い。そんなゼミでしたが、あえてここを選んでいました。実は自動車に興味があったわけではなく、世界に知られるような研究室に行けば、厳しいかもしれないけれど、自分が揉まれると思ったからです。

一流と言われる人がどんな人なのかは、見たほうが早い。だったら、仲良しの友達と楽しく過ごすのではなく、あえてそういう場所に行こうと思ったのです。

ただ、たくさんの刺激は受けましたが、理系の先輩たちを見ていても、あまりワクワクできませんでした。順当にいけば、自動車やメカニックの世界、理系の世界に進んでいくのが当たり前の就職だったゼミの中で、僕はまったく違う選択をすることになります。

理系寄りではなく、もっと事業サイドの世界に目を向けないと自分の方向とずれてしまう、と研究室としては異例の就職を決めるのです。それが、営業会社としても知られる大手機械メーカー、キーエンスという会社でした。

理系の研究室にいながら、営業会社で知られるキーエンスを選ぶ

すでに決めていた目標は、社長になることでした。しかも、どうせ起業するなら、若いときに起業したいと思っていました。若くして社長になったほうが、大人としてかっこいいじゃないか、と。そのためには、早くから揉まれないといけない。それなら、大学時代に世界レベルのディーゼル研究の研究室に進んだように、早く一流の場に行ったほうが自分も引き上げられると思ったのです。

もう一つ大きな魅力に感じたのが、若い人にも実力主義でフェアであることでした。キーエンスは、営業力が日本でトップレベルの会社という点でも知られていました。社長になるには、お金を稼ぐ力（営業力）が必要、それがなければ社長にはなれないと思っていました。

営業ができなければ、経営者になったときに自分のウイークポイントになってしまう可能性がある。それなら、営業の力がつくところがいい。実は、営業の力がつくトップレベルの会社はどこなのか、という軸で調べたとき、良い所がある、と出てきたのがキーエンスという会社だったのです。ナンバーワンの場所で、揉まれていけるところを求めていたとき、ここだ、という会社を見つけたのです。

就職が決まったとき、当然ですが、ゼミではびっくりされました。どうしてうちのゼミに来て

キーエンスに行くのか、と。学校推薦で、大手自動車メーカーに行くことができるのに、どうしてわざわざ、と。ただ、ゼミの人たちはその選択でワクワクできたのかもしれませんが、僕はまったくワクワクできなかった。だから、自分の選択に迷いはまったくありませんでした。

キーエンスは、価値ある高額の商品を、さらに付加価値をつけることで販売していく提案型営業が基本です。

入社後に実感したのは、「付加価値が重要」という考え方が、強烈な文化として根付いていることでした。また、いかに最小限の時間、最小限の仕事で最大限の付加価値を生み出すか、という生産性へのこだわりの強さです。

僕は今、インターネットメディア事業の経営者をしていますが、いかに生産性を高めて強い基盤で経営していくか、単に営業力ということではなく付加価値を出すことこそが営業では重要だ、という根本的な考え方は、キーエンスで学んだことです。

また、いろいろなものがランキング化され、可視化され、社内で競う風土も強烈な印象でした。営業としてのアポイント数も含めた、いろいろな指標がデータとして管理されていて、そこで1位、2位、3位と順位がつけられ、切磋琢磨していく。やるのであれば一番を目指そう、という空気感も印象に残っています。

さらに、キーエンスの「ナンバーワン主義」も重要なキーワードでした。基本的に、世界ナンバーワンの商品しか出さない、というポリシー。例えば、僕が扱っていたのは、工場の品質管理部門が不具合を見つけるために使う拡大顕微鏡マイクロスコープでした。20万円の顕微鏡が当たり前に使われているところに、400万円のデジタルマイクロスコープを提案するのですが、こうした商品はほとんどキーエンスしか扱っていませんでした。

キーエンスの出す商品は、世界初、業界ナンバーワン、一番というもので、そこにこだわってつくり、そこに付加価値を強く意識したセールス部隊が掛け合わさってくるのです。だから強かった。

局所的にでもいいからナンバーワンがあることは、会社を強くしていくのだと痛感しました。「地味でもいいから小さな一番をつくる」。これは、経営者になってからの僕のポリシーの一つになります。小さくてもいいから、少しずつ一番をつくり上げていく。これをやっていれば間違いなく一番になれる。実際にキーエンスは、それで勝ち続けていたのです。

インターネットベンチャーという存在を知る

キーエンスでは、僕は実際に「勝ち」を体感することになります。やるべきことをきちんとやっていれば、必ず勝てる。そんな思考回路も得ることができたのでした。勝ち癖を知った、と言い換えてもいいと思います。

入社後、まず驚いたのは、徹底的に準備をさせられたことです。アポイントに行く前には、どんなお客さまのところに行き、何を話して、どう着地するのかを、事前に先輩とロールプレイングします。これが、何度も繰り返し行われるのです。

また、移動時間や訪問についても細かな指摘を受けました。僕は滋賀県の営業担当でしたが、アポイントを取るときに、どう取れば効率的なのかを常に問われました。「その取り方は無駄だ」とよく言われました。移動の仕方も、「その道はやめたほうがいい」などとアドバイスされる。無駄を省く訓練を、外出報告のたびにされるのです。

しかも、こうしたことが細かく指標化され、ランキング化される。「勝手にやっておいて」ではなく、きちんと丁寧に指導が行われ、誰がやっても結果が出るように、という上司の教育ポリシーがありました。だから、僕自身も1年目からレベルを上げやすかったのだと思います。

ウエディングパークでは、マネジメント層の部下に対する細かなケアやフィードバックが「ベンチャーらしくない」と言われることがあるのですが、これはひとえにキーエンスでの経験によるものです。

そして、僕がたまたま配属された新大阪の営業所の所属グループは、僕が入社した年、日本一になります。僕自身も、新人の中で全国2位の成績を残すことができ、2年目には営業の西日本代表としても表彰を受けました。

チームが結果を出し、そこに自分も一人の営業として貢献できたことは、大きな成功体験でした。仕事をする喜び、結果を出す喜び、勝っていく面白さ、成功して見る景色の素晴らしさを知ることができました。

また、成果には会社も報いてくれます。出した結果を、年齢に関係なく評価してくれました。これも心地良いことでした。結果を出せば評価され、会社をつくっていける、動かしていける、ということが分かったのも、このときのことです。

しかし、入社3年目となった2000年、僕の心は揺らぐことになります。この年はいわゆるインターネットバブルの年。理系だったけれど営業も向いているな、と自信を深めていましたが、社長になって経営したい、という夢に変わりはありませんでした。

相変わらず、家に帰っては、経営者の本を読んだりしていましたから、いつになったら次のステップに進むことができるのか、分からずに悶々としていたのです。キーエンス社内では、社員の間で起業しよう、などという雰囲気はまったくありませんでした。

そんなときに、メディアがインターネットベンチャーを次々に取り上げ始めたのです。僕と年齢もほとんど変わらない起業家たちが、インターネットという新しい産業で社長になり、世の中に対してインパクトを与え始めているという事実を知って、もうじっとしてはいられませんでした。

なんといっても、みんな僕と同様に若かった。古い産業よりも、新しい産業のほうが、若い人が出てくる意味があると思いました。その意味でも、インターネットには強く興味が湧きました。

しかし、当時の僕はインターネットといっても、メールくらいしかやっていませんでした。まだダイヤルアップ回線を使っている時代。後にインターネットがどうなっていくのか、まったく分かりませんでした。ただ、これだけ起業家にスポットが当たり、活躍しているとなれば、僕が飛び込んでもなんとかなるのではないか、と思ったのです。

当時、僕がいたのは大阪。インターネットで大きな盛り上がりを見せていたのは、東京。だから、リアルを知りませんでした。ただ、大変なことが起きるのではないか、という期待は大きかったのです。

そんなとき、たまたま書店で見つけたのが、書籍『ビットバレーの鼓動』でした。ベンチャー系の経営者が30人近く登場していたのですが、心に引っかかった社長が一人いました。それが、サイバーエージェントの藤田晋社長でした。

直感だけで決めてしまったサイバーエージェント入社

藤田社長は僕の二つ年上になります。同世代という共感もあったのかもしれませんが、藤田社長が出ていたページが僕はとても気になりました。文章を読んでいて、人柄に惹かれるな、と直感で思ったのです。

それをきっかけに藤田社長のウェブサイトのページを見にいくと、ベンチャー起業日誌というブログのようなものを藤田社長が書いていました。それを読んでも本の印象と変わりがない。リアルな社長としての人柄が出ていました。僕は藤田社長の考え方にも共感できました。

今では人材紹介会社など、転職には便利な時代になっていますが、当時はそういう会社があるということすら知らず、僕が起こしたアクションは、サイバーエージェントのコーポレートサイトの問い合わせフォームに入力することでした。

買ったばかりのNECのデスクトップパソコン「PC98」を使って、これは本当に届くのかな、東京とつながっているのかな、などと思いながら「日紫喜といいます」と文章を入力して問い合わせをしたことを今でも覚えています。

そうすると、2週間後くらいに返事が来ました。反応がないので半分諦めていたら、サイバーエージェントの人事部からメールの返信が来たのです。「ご連絡ありがとうございます。大阪に営業所があるので、一度来られますか?」と。それが、1回目の面接になりました。

僕はサイバーエージェントについても詳しく知りませんでした。というより、調べてもよく分からなかったのです。当時、サイバーエージェントは赤字でしたが、赤字という情報もよく分かっていませんでした。

ですから、完全な直感だったのです。藤田社長に魅力を感じるので、良いのではないか、と。それだけです。経営については知識がないし、インターネットもよく分からなかったので、この人のもとで社長業を学ぼうと思ったのです。

年齢が近いほうが、やっぱり共感もできると思いました。この人にできて、どうして自分にできないのか、ということも分かりやすいと思いました。会社は当時、100名ほどの規模でしたし、これなら絶対に近くで社長が見られるだろう、と。

もう一つ、大阪でずっと営業をやっていましたから、渋谷で仕事をしたら東京についても分かるだろうと思いました。東京にいて、年齢が近い社長で、インターネットという新しい産業ということで、サイバーエージェントは僕にぴったりだったのです。

結局、僕の転職活動はこの1社だけとなりました。転職活動というか、問い合わせをしただけだったのですが。実のところ僕は、サイバーエージェントの正式な人材募集に応募したわけではないのです。言ってみれば、道場破りのようなものでした。今思えば、よく採用してくれたと思います。

僕はこの2000年、24歳で結婚したばかりでした。サイバーエージェントに転職を決めたのは、結婚した数カ月後のことです。

僕がいずれは社長になりたいと思っていたことや、インターネットに興味を持ち、いろいろ調べていたことは妻も知っていました。ありがたかったのは、妻の寛大さです。

二人とも東京にはまったく土地勘がなく、日帰りで行って住む場所だけ決めてこよう、と新幹線で行ったのを覚えています。その日に帰りたいので、と不動産屋に飛び込み、3軒ほど紹介してもらってマンションも決めて帰りました。

考えてみたら、妻だけが応援してくれたのでした。僕はそれをチャンスと捉えて、ならば行こう、と決めました。給料は大幅に下がりましたが、若かったんだと思います。だから、夫婦二人ともワクワクするほうに賭けたのだと思います。

実際には、入社してみると当時のサイバーエージェントは創業期ならではの大変な状況でした。しかし、自分で決めたことでしたので、「これで良かったんだという結論を自分でつくっていくしかない」という覚悟は持っていました。

そして、僕はサイバーエージェントに入社しました。社員番号は148番でした。

2.

まるで想像しなかった「ウエディング事業」との出会い

「自ら手を挙げる」風土の中で、マネージャーに抜擢

当時、サイバーエージェントはインターネット広告代理事業の営業がメインの仕事でした。僕はキーエンスでの営業力を見込まれて入社する予定でしたが、入社初日、副社長に呼ばれてびっくりするようなことを言われたのです。

「日紫喜君は営業で採用したんだけど、今、自社で『サイバークリック』というメディアをつくり始めていて、この事業が熱いから、日紫喜君にはメディアのほうに行ってもらっても良いかな」

いきなり違う部門に異動をお願いされてしまったのです。しかも、初日から。それこそ今では「ベンチャーあるある」として笑って済ませてしまう人もいるかもしれませんが、当時の僕は仰天しました。「そんなの聞いてない」と。

しかも、座席に行ったらパソコンもない。部署の人たちは、僕が来ることを知らされていなかったようでした。だから、準備ができていなかったのです。パソコンもなく、ひとまず本を読んで過ごしたのが、僕のサイバーエージェント1日目でした。妻になんて言おうか、と思ったのを覚えています。

ところが、何週間かして、たまたま電話をしてお客さまとコミュニケーションを取る機会がありました。電話はキーエンスで鍛えられていましたから、得意なのです。そうすると、隣の席にいた別の役員から、こう言われました。

「日紫喜君、営業力あるね。絶対に広告営業に行ったほうがいいよ」

もともと営業として入社した経緯を話すと、役員会で話を出してくれ、営業に異動することができました。

広告営業はサイバーエージェントの当時のメイン事業。ここでようやく、僕は学びたかった藤田社長の近くで仕事をすることができました。営業同行してもらったり、後に昇進してからは、毎週のようにミーティングに一緒に出ました。

こうして藤田社長がどんな雰囲気を持っていて、どんなことを話し、社員とどんな距離感を取っているか、ということも垣間見ることができました。そこで僕が感じたのは、ある意味カルチャーショックのようなものでした。

僕は経営者が書いた本をたくさん読んでいて、松下幸之助さんなど、神様のような社長像が頭に刷り込まれていました。その意味で、藤田社長の姿は、なるほどこういう社長像があるのか、と思わせるものでした。当時は社員のみんなが年齢も近かったし、社長も自然体。だめなものはできない、と自ら言うことを含めて肩肘も張らない。
でも、僕が本で感じたような経営者としての魅力は十分に感じられました。社長の魅力は、自然体でもちゃんと出せるのだ、と思いました。

実際、みんなも「この人を支えていこう」「まとまっていこう」という空気になっていました。内面的には熱いけれど、表面的にはフランク。そして、話す言葉に強い力がある。まわりが怖がるようなリーダーシップというよりは、一緒にやっていきたいと思わせるような雰囲気。こういう藤田社長の魅力を近くで感じられたことは、とても貴重なことでした。

ただ、当時のサイバーエージェントは、毎月のように30人くらい人が入ってくるけれど、同じくらい人が辞めていく状況でした。上場はしていたものの、組織が固まっていなかったのです。しかも、当時はインターネット広告に対して、世の中の理解はまだまだ低かった。僕はナショナルクライアントを担当していました。営業スタイルは、「さわやかに厚かましく」。そして、「決裁者にいかに会うか」。キーエンス時代、高額商品でしたから決裁者に会わないと決定してもらえませんでした。ナショナルクライアントは、そういう営業が必要だと考えたのです。

インターネット広告への理解がなかなか深まらない中で、僕はこれからのビジョンを語り、僕という人間を信用してもらおうと考えました。時には、インターネット業界で有名だった藤田社長を連れて行きました。これは喜ばれました。こうして僕も、新しい領域で新しいクライアントを獲得し、実績を出していくことができました。

社員をどんどん増やしていった時代。上司たるマネージャーは、25歳前後でした。僕と同年代でもあり、やがて僕の中で次第にこんな思いが沸き立っていくことになります。

「自分にマネージャーをやらせてほしい」

いつか社長になりたいと思っていましたし、せっかくベンチャーに来たのだから、マネジメントを早く経験したいと思っていました。抜擢を待っていたら、何年かかるか分かりません。これは今もそうですが、サイバーエージェントには「自分で手を挙げなさい」「宣言しなさい」という風土があります。

そこで、当時の営業統括に夜、時間をもらって、「自分がマネージャーになるべきだ」という資料をこっそりつくって説明したのです。彼は半分呆れていたと思います。僕も言い過ぎたかな、と思っていました。ところが、数カ月後に本当にマネージャーに抜擢されたのです。

「ウエディングビジネスをやらないか」。これは運命だ、と思った

僕が入社した2000年から3年ほどは、サイバーエージェントは野武士のような腕っ節の強い、自分に自信のある営業が続々と中途入社してきていました。

ただ、僕としてはもっと「若さを活かしたチームづくり」をマネジメントの方針として掲げていました。当時のサイバーエージェントとしては、異色だったと思います。

チームで勝とうぜ、とメンバーを鼓舞し、みんなで屋形船に行ったり、ホームパーティーをしたりして一体感をつくる。みんなで頑張れる方法を考えて、最後はみんなで結果を出していこう、と盛り立てる。自分の責任の範囲内で、チームとしてできることをやってみたのでした。そして、結果を出していきました。

チームで達成を喜ぶ、というカルチャーがそれほどまだなかった中で、僕のチームづくりの取り組みは、藤田社長の目に留まったのでした。当時、年2回あった社員総会で僕は突如、ベストマネージャーとして表彰されたのです。これが、会社で最初のベストマネージャー賞でした。

僕は、自分がやっていることは間違っていなかった、と思いました。

当時、マネージャーが集まるミーティングが毎週月曜日にあり、藤田社長も交えて営業状況

の進捗をチェックする会議が開かれていました。少し自信を深めている中、僕は厚かましいことに全マネージャーたちの進捗を自分なりにまとめて分析し、アシスタントにも手伝ってもらって藤田社長に見せたことがあったのでした。

藤田社長に呼ばれたのは、それから何日も経たないうちでした。

「ちょっと日紫喜君、いい？」

社内のカウンターテーブルだけがある場所で

「今度から、局長でいいから」

と藤田社長から伝えられました。

こうして入社3年目、2003年に僕はサイバーエージェントの五つの営業部隊のうち、一つを率いる局長に抜擢されたのでした。社長の間近で仕事をする会社では、いかにとんでもないことが起こり得るのか、このときに痛感しました。

部下は20人ほどになりましたが、以降も僕は、自分流を貫くことになります。

「水曜だけでも定時に帰ったほうがメリハリがついて頑張れるんじゃないか」と、当時チームメンバーだった新入社員から提案を受け、毎週水曜日をラッキーウェンズデーにしたり。また、この頃、自宅が近所だったというご縁もあり親しくさせていただいていた投資担当の役員の方と交流しながら、経営のアドバイスを親身にいただく機会にも恵まれました。本当に感謝しています。

しかし、局長としての仕事は1年もできませんでした。ウエディングパークに行くことになったからです。広告代理事業ではなかなか利益率が高まっていかない中、サイバーエージェントが注目したのがメディア事業でした。藤田社長としては、一つのメディアで勝負するのではなく、いくつか種を蒔き、小さく生んで大きく育てていくことを考えていました。そして、その新規事業メディアの一つが、ウエディング領域でした。

サイバーエージェントは基本的にM&Aをしません。しかしこのとき、「ウエディング」とグーグル検索すると、検索結果の一番上に聞いたこともないサイトが出ていたのです。それが、ウエディングパークのサイトでした。このことが、藤田社長のアンテナに引っかかったのでした。こうして買収が決まるのです。

１００％子会社になれば、誰か責任者をおかなければなりません。そしてある夜、僕はまたしてもオフィスの端っこにある小さなカウンターテーブルに呼ばれ、藤田社長にこう問われました。

「日紫喜君、ウエディングの会社をやることになったんだけど、やってみる？」

ウエディングといわれて、自分の結婚式を思い出していました。京都のホテルで、こだわりの結婚式を僕たち夫婦はしていました。

当時、27歳。会社で一定の結果が出ていて、そろそろ何か自分で、という沸き上がるものがありました。そして何より、僕は誰かを感動させるような何かをつくりたかったのです。そういう会社の社長をやりたかった。ウエディングのビジネスは願ってもない話でした。これは、運命だ、と直感しました。

「ぜひ、やらせてください」

その場で即答しました。買収を決めたウエディングパークがどんな状況だったのか、僕は何も知りませんでした。会社がつぶれかかっていたこと、しかも、半年以内に結果を出さなければ会社は存続できない、と知ったのは、それからしばらく経ってからのことです。

3.

結婚式場の
クチコミサイトという
無謀すぎる挑戦

このままではつぶれる。ビジネスモデルをゼロから見直す

2003年の末、僕はサイバーエージェントを離れ、ウエディングパークの事業責任者として、子会社化された会社に行くことになりました。名目上の社長は藤田社長が務めましたが、実質的に僕が会社を率いる責任を持つことになりました。

藤田社長から「ウエディングパークをやらないか」と打診を受けたとき、会社の状況やビジネスモデルなどについて、細かな説明はありませんでした。損益状況がどうなっているかも聞きませんでした。何も準備されていなかったし、僕も聞く余裕がなく、「ベンチャーなんだから、こんなものだろう」くらいのスピード感で、その場で引き受けたのです。

何より、ウエディングという事業について運命的だと思いましたし、藤田社長から抜擢を受けて期待されたこと自体がとてもうれしかったのです。

まずは、会社を見に行こう、ということで、「そもそも、どこにあるんだろう」から始まって、僕は当時ウエディングパークを運営していた会社に行くことになりました。

東銀座にあった6畳ほどの小さなオフィスには、創業経営者二人がいました。サイトがスタートして5年。当初は順調だったようですが、途中で同業者がスタートしたインターネット

事業が好調でユーザーを奪われてしまいます。一時は数十名を超える社員がいたそうですが、売り上げの急落とともに減り、起業当初の二人だけが残っていました。

自分たちだけでも細々と食べていければ、とギリギリで何とかしのいでいる状況。損益計算書を見せてもらうと、かなり厳しい状況であることが分かりました。このまま行けば、破綻せざるを得ない。僕にも、それが予想できました。

そんなとき、サイバーエージェントから買収の申し出があったわけです。創業経営者にとっては、まさに奇跡的な話だったようです。M&Aの話もトントン拍子に進み、「サイバーエージェントと一緒にやりたい」と後も役員として残ることが決まっていました。二人とも、僕より5歳年上でした。

僕が責任者として行くことになっても藤田が社長を務めることになったのは、すでに創業して5年経った二人がいて、ウエディングのビジネスモデルも分からない僕が最初から社長ではこじれかねない、という藤田社長の判断があったからでした。一旦は藤田社長がウエディングパークの社長を兼務し、僕は営業本部長で入ったのです。藤田社長には一言、こう言われました。

「謙虚にやってね」

あとは進捗をしっかり伝えることが求められました。創業者だった役員二人とは、一緒に頑張っていきましょう、ということで最初の挨拶となりました。

しかし、会社の状況を見れば、このまま続けるわけにはいきません。まったく展望がないわけです。ビジネスモデルを大きく変えざるを得ませんでした。

ウエディングパークを買収した一つの経緯は、SEO検索で1位だったことでしたが、藤田社長には、一つのアイディアがありました。当時、グーグルのサイトリスティング広告が日本に上陸したところで、式場のホームページに誘導するというクリック課金モデルが有効なのではないか、と考えていたのです。これなら結婚式場に対して、低単価での広告出稿の提案をすることができます。

とはいえメディアですから、ユーザーが安定的に来ないと事業としては成立しません。ウエディングパークにしかないもので、何か差別化できそうなもの、ユーザーを惹きつけられるものは……。そして、僕自身の結婚式場探しの体験を通して生まれたのが、クチコミでした。

２００４年1月から、サイトがオープンする6月16日までの約半年間、ウエディングパークの事業を一気につくり替えるという取り組みを、僕は推し進めることになります。しかし、これが簡単なことではありませんでした。

ウエディングの事業については、役員二人のほうが圧倒的に詳しいのです。特にクチコミのサイトにする、ということに関しては当初反発を受けました。あり得ない、と。

ビジネスモデル転換を巡るミーティングは、最初から激論になりました。しかし、僕は最初こそ肝心だと思っていました。中途半端に遠慮するとうまくはいかない。向こうにも言い分はあるかもしれないけれど、僕が何を考えているのかを、繰り返し伝えていかないといけないと思っていました。激突しながらも、理解をしてもらえるようになりました。

当時の僕が心掛けていたのは、今ではやってはいけない働き方ですが、始発で出社して、終電で帰ることでした。創業者の二人に信用してもらうためには、創業者以上に頑張っている、ということを見てもらうしかないと思っていたのです。

サイバーエージェントで局長をやっていました、なんてことは、サイバーエージェントでは通じても、ここでは通じない。そんな中で、心を開いてもらうには、彼ら以上に働いて、圧倒的な努力を見せるしかない、と思っていたのです。

最終的には、僕の努力も認めてもらい、とても関係性は濃くなりました。三人でお互いにバランスを取りながら、徐々に仲を深めていくことができました。

定められた結果が半年で出せなければ撤退、というルール

創業者二人と激突しながらも、ビジネスモデルを変えて新たな船出を目指さなければいけなかったのには、実は理由がありました。サイバーエージェントでは、新しい事業について「撤退ルール」があったからです。

当時、20近い新規事業群を経営管理するために、ウエディングパークに限らず、期限内にうまくいかなければ事業を撤退する「CAJJプログラム」というルールが定められたのでした。分かりやすくいえば、Jリーグのようにリーグを上がっていくことができる仕組みです。まずはJ3で始まり、スタートから半年で、粗利月500万円。これが達成できると、J2に上がることができます。

J2に上がると、1年で粗利月1500万円、そして黒字になること。これをクリアすると、J1に上がることができます。これが、当時の仕組みでした。

ウエディング事業をやってみないかと抜擢されたはいいものの、「数字が出なかったら、撤退だから」というわけです。ちょうどこの制度ができたタイミングだったこともあり、僕からすれ

ばまさかの展開でしたが、後の祭りでした。

しかも、半年で粗利月500万円というのは、それなりに高いハードルです。ウエディングパークは実質的にゼロからのスタートでしたから、これは大変なことになった、と思いました。さらに、それをクリアしても、1年後には粗利月1500万円が待ち構えている。

ですから、良いサービスをじっくりつくりたい、などと言っている余裕はありませんでした。期日までに結果が出ないと、そもそも事業を続けられなかったのです。差し迫った期日とともに、結果を出すことが求められていたのです。

親会社があった上での新しい事業なんだから、ゼロから起業するのに比べたら、そんなに厳しいものではないだろう、という想像を持たれる方もいるかもしれませんが、サイバーエージェントは違いました。

同じ時期に始まった20ほどの事業も、ゼロからのスタートになりました。ウエディングパークはイレギュラーで買収の形を取っていましたが、事業を一旦止め、売り上げがゼロになりましたから、ゼロスタートは同じです。

こうして、みんな一斉に走り始めたのですが、プログラム以外でも甘くはありませんでした。

当時のサイバーエージェントは、渋谷のマークシティというインテリジェントビルに入っていましたが、「こんなところで起業しちゃダメだ。勘違いする」ということで、新規事業組はこのビルを出て、古い雑居ビルに移ることになったのです。

20ほどあった新しい事業のほとんどが、そこに移りました。渋谷駅からかなり距離があり、しかも歩くとみしみしと音がするような古いビルでした。ここに、新規事業の責任者が全員集められ、事業をスタートさせたのです。もちろん、資金も潤沢に出てくるわけではない。限られた予算の中で期日までに結果を出すしかありませんでした。

J3だけが集まる古いビルで結果を出せれば、オフィスもJ2仕様に移ることができます。ちょっとだけトイレがきれいになったり、会議室が増えたり。

僕は当事者でしたが、サイバーエージェントという会社の活性化のうまさに感心していました。同じ状況のみんなが集まり、切磋琢磨して、励まし合いつつ競争もする。ちょうど、藤子不二雄や石ノ森章太郎などの漫画家をたくさん輩出したトキワ荘のようなものです。

しかし、現実は厳しかった。スタートの時期が少しずれていたので、先にビルに入居していて「日紫喜君、頑張ろうぜ」と言っていた人が、いつの間にかいなくなってしまったりするわけです。そうすると「あ、あそこは撤退になったんだ」と分かります。

一方で、新しくJ3ビルに入居してくる人たちもいました。緊張感がある中で、なんとか生き残りをかけて必死に頑張るわけです。実際、サバイバルは半端なものではありませんでした。

当時、20くらいあった中で、今でも残っている事業は、ウエディングパークとアメーバブログくらいだと思います。ほとんどが消えていきました。

当事者にとっては厳しい仕組みですが（乗り越える大変さは後に語ります）、あって良かったと僕は思っています。これがなければ、創業の本当の苦しみが感じられなかった可能性があるからです。

起業がしたい、いずれ社長になりたい、という目標を持っていた僕にとって、これは願ってもない経験でしたが、一方で経営者というのは甘いものではない、やれることをちゃんとやれるようにならないと、という思いを強く持つことになりました。

サイバーエージェントとしては、プログラムによって、いわゆる経営者人材をつくるという裏目的があったことは言うまでもありません。ＣＡＪＪとはまさに、「サイバーエージェントの事業と人材を育成する」という意味です。

事業も育てたいけれど、経営人材を育てなければサイバーエージェントは大きくならない、という発想は、今のサイバーエージェントの成長ぶりを見ていると、まさにその通りだったのではないかと思います。ＣＡＪＪには、大きな意味があったということです。

しかし、当事者としての起業は、想像をはるかに超えて大変でした。

4.

全国の式場から
クレーム殺到！
早くも背水の陣に

オープン後、クチコミに怒濤のクレーム電話が……

クチコミが掲載された結婚準備の情報サイト、そして広告主のホームページに誘導した分だけの広告費が発生するクリック課金という新しい事業モデルで、2004年6月、約半年の準備期間を経て、ウエディングパークは新たにスタートしました。

しかし、その船出は極めて厳しいものでした。ここから会社には、全国の結婚式場から怒濤のクレーム電話が殺到することになったからです。端的にいえば、「勝手に式場について、あれこれ書くとは何事だ」というものでした。

クチコミ情報サイトですから、ウエディングパークと有料契約を結んでいない結婚式場についても、ユーザーからクチコミが集まってきます。

もちろん、中には式場にとってありがたい、ユーザーならではの視点からのクチコミもありましたが、逆に式場としてはオープンにしたくない、辛口のクチコミもあったのです。こうした辛口のクチコミを、広告契約も結んでいるわけでもないウエディングパークが勝手に掲載するのはどういうことだ、というお叱りの声だったのです。

実は、当初から懸念はありました。創業者の二人は、ウエディングビジネスを熟知していましたから、先にも少し触れたように、クチコミサイトにすることには反対だったのです。ウエディングはイメージが極めて大事になるビジネスです。そんなところに、イメージに影響を与えるようなクチコミなんてものを勝手に出したらどういうことになるか。絶対にうまくいかない。そんなものが掲載できるわけがない、と。

しかし、僕は首を縦に振りませんでした。素人だからこそ、やってみないと分からないと思う、と返しました。まだ、今のようにSNSもブログもなく、個人がいろいろな情報を投稿したり、評価したりするような空気はまったくありませんでしたが、特定の業界では「アットコスメ」など、クチコミが人気になって成り立っているサイトもありました。

何より、結婚式をすでに経験していた僕自身がリアリティを持っていました。クチコミの情報は、きっとこれから結婚式を挙げていく人たちは知りたいだろうと思ったのです。コンテンツとしては極めて魅力的だと。だから、一旦やってみましょう、とかなり強気で押し切ったところがあったのです。最終的には、藤田社長が「クチコミサイトでいこう」と後押しをしてくれました。そんなふうにして、クチコミサイトにすることが決まった経緯がありました。

それだけに、オープンしてクチコミへのクレームの嵐になって、「そら、見たことか」となってしまったのです。創業者二人と僕との関係性は、微妙になりました。「言ったのは、日紫喜さんだよね」という空気の中で、ギクシャクが始まりました。幹部同士がなかなか共感し得ないジレンマに、いきなり創業時に襲われることになってしまったのです。

世の中的な認知として、当時はまだクチコミといえば悪口を書かれる、というイメージが強くあったのかもしれません。広告を出す場所、という認識もあまりなかった。悪いことを書かれてしまっては、ブランドイメージが下がってしまいかねないからです。

しかもウエディング業界では、インターネットの浸透がまだまだ進んでいませんでした。そうした認識すらなかったのが、本当のところでした。ところが、クチコミ情報を見たユーザーが、結婚式場に確認をしてしまったのです。

ページをプリントして、「こんなことを書かれていますけど、実際どうなんですか？」と聞きに行ったカップルも多かった。そこから、「このサイトはなんだ！」ということになっていったのでした。以来、結婚式場側には、かなりナーバスにクチコミをチェックされるようになりました。

僕が一つショックだったのは、「ウエディングプランナーが傷ついているんだ」という指摘を受けたことでした。一生懸命接客をしていたのに低い評点をつけられてしまったりする。「表情は笑顔だったけど、やってることはダメだった」などと書かれたりする。ウエディングプランナーがすごく残念がっていて、モチベーションを落としてしまっている。自信を持って接客ができない。どうしてくれるんだ。お前らのせいだ、と。

式場の評価だけではなく、従業員のモチベーションにも影響が出るくらい、全国の式場からお問い合わせをもらってしまうことになったのです。お叱りの声は、想像以上でした。そして、戦わなければならなかったのは、「クチコミを消してほしい」という、たくさんの声でした。社外だけではありません。社内からも、その声は上がっていたのでした。

「消してほしい」と言われても、クチコミは消さなかった

クチコミをめぐって想定以上のお叱りを受けてしまったのが、ウエディングパークの創業当時でした。今でこそ、SNSやブログ、さらには飲食や物販などでも個人が自由に投稿できるさまざまなサービスもあって、クチコミは当たり前に捉えられていますが、当時はまだそうした空気がありませんでした。これが、トラブルの種になったのです。

振り返って考えてみて、なんと厳しいことだったのかと思うのは、有料契約をしている「お客さま」ではない結婚式場から、厳しいお叱りを受けていたことです。中には、電話で激しく罵倒されることもありました。

広告でお金を頂戴しているお客さまからお叱りを受けるのであれば、仕事として、あり得ることです。僕はキーエンスでもサイバーエージェントでも営業の仕事をしていましたので、お客さまからのお叱りに対応することはしばしばありました。しかし、このときはお金を頂戴しているわけではないお客さまから、驚くようなお叱りを受けたこともありました。

これは後に書きますが、誹謗中傷以外で「柱が邪魔になって新郎新婦が見えにくい」「カーテンがとても古びていてイメージが悪かった」「徒歩5分と書かれていたけど、とても辿り着けないほど遠かった」といった事実に基づくクチコミは、結婚式を挙げたカップルの感想であり、こういうクチコミこそ共有すべきだと思っていたのです。

しかし、結婚式場からすれば、「そんなことを勝手に書くなんて営業妨害だ」の一点張りでした。「消さないと、営業妨害で訴える」と言われたこともありました。

しかし、「クチコミを消します」とは絶対に言いませんでした。クチコミを消すかどうかは結婚式場側の権利ではなく、メディア運営側の権利だからです。法的に、僕たちの規約の中でやっている、と押し通しました。「ご意見はよく分かりました。しかし、消せません」と僕は言い続けました。

「もうお前たちとは今後、絶対に付き合わない」と絶縁宣言されたこともあります。「広告は絶対に出さない」と出入り禁止を宣言されたこともありました。困ったのは、広告費を支払っていただいていた結婚式場に、あまりうれしくないクチコミが入り、「このクチコミを消さないと取引を打ち切る」と言われたり、「このクチコミを消してくれたら、広告出稿してもいい」という言い方をされたりしたことです。

あるとき、創業者の一人で営業の責任者をしていた役員に、

「日紫喜さん、このクチコミ、ウソを書いていると言われたよ。だから、消してほしい」

営業としては、もちろん新規顧客の獲得はうれしい。それは分かりますが、だからといって、言われるままにすべて信じる、というのも問題です。実際、僕は自分でクチコミを承認していました。僕はそのクチコミは事実だと思っていたので、役員とは衝突することになり「無理です」と伝えて終電で帰りました。すると翌朝、電話に「もう一度検討してほしい。消してほしい」と貼り紙がされていました。しかし、僕は譲りませんでした。一件のクチコミを巡って社内で対立し、ますます険悪なムードが広がってしまいました。

僕を支えていたのは、結婚式を挙げるカップルに絶対に役に立てる、というクチコミ情報サイトへの強い共感でした。お叱りを受け、社内でも叱られ、自分のやっていることが本当に正しいのか、迷うこともなかったわけではありません。

しかし、正しいことをやっているという信念がありました。例えば、自分の子どもがウエディングパークで結婚式場を探す、となったとき、「こういうクチコミはありがたい」「こういうクチコミが見たかった」というサイトにしないといけないと思ったのです。

実際、後に少しずつ増えていく社員たちに伝えていたのは、「自分の家族や子どもが使いたいと思えるか」ということでした。正しいことをして役に立つ。自分が本当に信じられることをやり続ける。それこそが、考えるべき唯一のことだ、と。

「そんなに意固地にならなくても」「消してしまえば広告が入って儲かる」「もっとうまくいくビジネスモデルもあるはず」……。そんな声が聞こえてくることもありました。他の新規事業の責任者から、「なんだか日紫喜君はいつもキツそうだよね。いつも怒られて、げっそりしているけど、大丈夫?」などと言われたこともありました。

しかし僕は、周囲が思うほどキツいと思わず、とにかくがむしゃらに毎日を過ごしていたのです。

クチコミのクオリティを担保するために決めた二つのこと

ただ、正しいことをしている、と胸を張って言えるためにも、結婚式をすでに終えたカップル、参列したカップルから寄せられるクチコミには、極めて丁寧に接していました。クチコミのクオリティを担保することこそが、ウエディングパークというサイトの価値を大きく左右すると強く感じていたからです。

ですから、僕はクチコミのすべてに目を通していました。ウエディングパークの運営幹部である創業者二人と僕の計三人で、情報を分け合って管理する方法もあったのかもしれませんが、僕は譲りませんでした。すべて僕が責任を持って見る、ということをルールにしていました。

クチコミ情報サイトですから、サイトがオープンする時点でそれなりの数のクチコミを持っておく必要があります。そこで、早い段階からクチコミを集める取り組みを推し進めました。最低2万件は集めよう、と考えていました。

こうしたクチコミの収集はサイバーエージェントにもノウハウがあり、インターネットプロモーションを使うことで、それほど難しいことではありませんでした。ギフト券のプレゼントなど、インセンティブも付けたりしていましたが、僕が改めて実感したのは、ウエディングのクチコミに関しては「これを伝えたい」「これを見てほしい」というユーザーの思いが想像以上に強い、ということでした。

自分の体験を知ってもらい、それが記録に残ることは、自分の記念にもなります。こんなに苦労して、こんなに良い結婚式ができた、式場への感謝も含めて見せたい、というカップルたちの気持ちがウエディングのシーンでは大きく高まっていたのだと知りました。

ですから、ギフト券がもらえる、何かのプレゼントが当たる、といったことよりも、自分の記念としてクチコミ情報を残したい、結婚する人の役に立ちたい、式場にお礼をしたいという貢献欲求のある人が多いことが改めて分かったのです。おかげで、クチコミは本当にたくさん集まりました。思いの詰まった、長文の投稿もありました。

少しネガティブなクチコミにしても「こういうところがもう一つだったけれど、トータルで見ればやっぱり良かった」というものが多かった。お祝いごとですし、みんな最終的には良い思いに着地させたいのだと改めて思いました。これは、僕たちが意図してコントロールしてこうなったのではなく、自然にそうなっていったのです。

僕は明らかな誹謗中傷や「良かった」といった具体性に欠けるクチコミは公開を控えましたが、あとは誤字などの編集もしませんでした。すでに内容は深いものがありましたし、本当に役に立つ情報だと思ったからです。結果的に、クチコミはサイトを見に来るユーザーにとても受け入れられるものになり、このサイトはいける、という手応えを感じました。

ただ、それでも結婚式場から見れば、ちょっとしたマイナス情報が「営業妨害」に映ってしまいかねません。クチコミ情報の取り扱いには十分に注意しなければいけないとも思っていました。また、場合によっては意図的で悪質な誹謗中傷も起こり得るかもしれないと考えました。

そこで、二つのルールを定めたのでした。一つは、クチコミの投稿者には会員登録をしてもらう、ということです。信憑性を維持するために個人情報を登録し、会員になる人でないとクチコミ投稿はできない。端的にいえば、もしウソの情報を投稿したりすれば、こちらから問いかけをすることができる、ということです。

実際、なりすましでの投稿がなかったわけではありませんでした。驚くべきことに、近隣の同業者が低い点数をつけたりしようとしていたこともあり、削除や警告など対処をしていきました。

もう一つが、僕一人が見て、クチコミを承認していく、ということです。当初は何が良いクチコミなのか、ルールがあまりはっきりしていませんでした。僕の主観で選んでいることが、社内の不信感につながったりもしました。

しかし、クチコミの品質が会社の信頼になっていくことは確信していました。社内でも、一つのクチコミで大きく揺れたりするのです。そうなると、これを託すことができるのは、一貫性のある人、そして信用できる人でなければいけないと思いました。

もとより大切なことをやっているということを一番信じているのは、自分だという自負がありました。そうなると、僕が砦にならなければいけない、と思いました。社内でも社外でも、嫌われても良いからやるしかない、と。

毎日22時をクチコミ承認時間と決めていました。その日に上がったクチコミは、チェックして毎日22時にアップする。ささやかなことですが、その日に一生懸命にクチコミ投稿したカップルが、次の日の朝、サイトを見たときに、自分たちのクチコミがアップされていたらうれしいだろうな、と思ったからです。

こうしてクチコミはどんどん増えていきました。やっていることは間違っていない、という確信はますます高まりました。しかし、想定外だったのは、売り上げがついてこなかったことでした。クリック広告が、なかなか受注できなかったのです。

ＣＡＪＪプログラムのプレッシャーもありました。それでも、売り上げを獲得するために、クチコミに関わる信念を曲げることは、絶対にしませんでした。

ビジネス上、メリットがある「会員化」をしなかった理由

クチコミはどんどん入るけれど、売り上げは苦戦しました。当初のビジネスモデルは、先にも紹介したクリック課金でした。結婚式をしようとしているカップルがウエディングパークにやってくると、全国の式場のクチコミ情報や評点を見ることができます。そして、有料広告契約を結んでいる結婚式場やホテル、レストランなどは、クチコミ情報の横にクリックボタンがついていて、それを押すと、それぞれの式場やホテル、レストランなどの公式ホームページに飛ぶことができます。

そして、公式ホームページや写真を見て、やっぱり良さそうだな、クチコミも良いし、写真を見ていても自分のイメージに合うな、と思ったらここで個人情報を入力して、見学や予約などのアクションに移ることになります。しかし、ウエディングパークでは、クチコミを投稿するとき以外、会員登録を必要としていません。

結婚式というのは、大変な高額商品です。僕たちウエディングパークのスタンスとしては、それだけの費用がかかるものは、最終的に式を挙げるところの公式なサイトから予約をされたいのではないか、と思いました。

通販サイトでモノを買うのとは、まったく違うのです。高額な商品を、窓口になっているようなサイトで申し込みたいかどうか。また、今でこそセキュリティが高まって、個人情報をインターネットで入力するハードルはどんどん下がっていますが、当時はとても慎重な時代でした。その意味で、式場やホテルの公式ホームページにスムーズに行ってもらい、予約を入れてもらうのが一番良いと思ったのです。

しかし、このやり方で良いのか、と社内外から指摘を受けたことは、一度や二度ではありませんでした。個人情報を入力してもらって、ウエディングパークの個人会員になってもらう。そのほうが、個人情報も集められるし、ユーザーも囲い込める。結婚式場にも影響力を持てるのではないか、と。確かに会員になってもらえば、ウエディングパークとしてはユーザーの状況、嗜好なども分かります。会員化しなければ、ウエディングパークは個人に対して何もできません。そのまま、公式ホームページに行ってもらうしかない。

確かに、会員化のメリットは僕たちのビジネス上にはあったのかもしれません。しかし、僕はその選択をしませんでした。

ウエディングパークは、式場を探すことに特化しています。会員になっても、式場を選んでもらったら、その後のつながりはない。果たして会員になるメリットがあるのか、ということです。

僕は思っていました。ユーザーの役に立つサイトをつくる、と言っておきながら、ユーザーの役に立たない行動を求める。これは、言っていることと、やっていることが合わないのではないか、これでは信用にはつながらない、と。

ビジネス上のメリットが欲しいというだけで会員化しようとするのは、あくまでウエディングパークだけの事情です。それはいつかユーザーには分かってしまうと思いました。このサイトは、ユーザーのためを思って、と言っているのに、そうじゃない行動を取っている、と。こういうちょっとしたところから、ユーザーとの信頼関係は綻びていくと僕は思っていました。それは、ユーザーには分かるのです。ユーザーに申し訳ないことは、すべきではないのです。

会員化するメリットがユーザーにないのであれば、会員化ビジネスはやめようと僕は決めました。個人情報をもらうのもやめる。あくまでも、結婚式に関わるクチコミを中心とした情報提供に価値を感じてもらおう、というこだわりを貫きました。

当初は営業に苦戦。効果は見えないけれど、信頼だけで……

ユーザーを会員化しないということになると、ユーザーのアクションポイントは唯一、公式ホームページにリンクするクリックボタンを押してもらう、ということだけです。そして、当時のウエディングパークは、そのクリックされた数に対して課金する、というビジネスモデルでした。

ある結婚式場のクチコミ情報を見て、興味を持って、公式ホームページを見てみたいな、と思ってもらう。言ってみれば、式場にわざわざ出向くのと同じように、来館までを促す動機をウエディングパークがつくった対価としてクリック広告費をもらうわけです。そして当時、その費用は1クリック100円でした。

この費用の安さが、クライアントに広告を出稿する敷居を大きく下げてくれるはずだ、という考え方がありました。

営業活動をスタートさせたのは、サイトがオープンする2カ月前からでしたが、ここで思わぬ事態に直面します。先に、ウエディング業界ではインターネットがまだ浸透していなかった、と書きましたが、インターネット広告そのものについて、なかなか意味を理解してもらえなかったのです。

クリックしたら広告費が発生するとは、どういうことか。それまでは、雑誌がメインで広告を出稿していくら、というのが当たり前の業界でした。また、インターネット広告自体、誰も提案しに行かないような業界だったのです。

ですから、「インターネット広告って、そもそも何なのか」ということが理解してもらえなかった。「クリックされた分、お金がかかります」という話をすると、「そうすると、あなたの会社が自分たちでクリックした分も払うことになるのか?」という素朴な疑問を投げかけられたことがあります。

こうして営業はなかなかうまく進まず、いわゆる大手の結婚式場や有名なホテルなどには、まったく興味を持ってもらえませんでした。その一方で、「紙メディアやテレビCMは高すぎて広告が出せなかった」と悩まれていたウエディングを手掛ける小さなレストランや、地方都市の結婚式場などがまずは評価をしてくださったのでした。

そのお店では、ちょうどお洒落なレストランウエディングが始まった頃で、土日だけウエディングに使いたいと、広告先を探していたのです。地方都市の結婚式場も、紙媒体なら何十万円、何百万円もするけど、ウエディングパークならワンクリック100円でいいね、という評価をもらいました。正直なところ、それほど効果も期待されていなかったと思います。とりあえず安いからいいよ、大きな固定費がかかるわけではないし、と。

こうしてレストランや地方都市の結婚式場が少しずつ増えていくことになりましたが、有名な結婚式場を考えているユーザーはやはり見に行きません。クリック自体、なかなかしてもらえなかったのです。つまり、売り上げが発生しない、ということです。これでは困ったことになります。

そして、僕たちが知恵を絞ったのが、コンテンツとして見せていくことでした。例えば、「埼玉県の穴場結婚式場」というタイトルで特集を組む。切り口を変え、編集して、ウエディングパークは今ここに注目しているというメッセージを発することで、クリックにつなげていく。

当時、すでにクチコミランキングが人気コンテンツになっていました。しかし、ランキング上位の有名結婚式場は、有料広告契約をしていないのでクリックボタンがなかったりするわけです。それでも、こちらで勝手にランキングを操作するわけにはいきません。

ウソはもちろんいけません。勝手に数字を変えたり、順位を変えたりしてはいけない。そこで、切り口を変える工夫をしました。僕は当時のメンバーによく、「行列のできるラーメン屋こそ実は無名だ」と言っていました。広告費はないけど、クチコミで人気がある所が顕在化されるように、隠れた結婚式場が、クチコミサイトを使うことで行列ができる。そういうところにこそ、自分たちの意義があるのだ、と。

クチコミの良さをフックにして、目立たないけど頑張っている結婚式場や、意外な評価を得ている式場をなんとか目立たせて、クリックに結びつけていく。そんな取り組みを推し進めていきました。

一方、もう一つの悩みがありました。それは、「クリックしてもらって広告料が発生しているらしいけど、本当に見学や申込みに対して影響力があるの？」という疑問が消えなかったことです。

グーグルアナリティクスのような分析ツールなどは当時はありませんでしたから、クリックによって公式ホームページを訪れたカップルが、その後どんな動きを示したのか、分かりませんでした。もしかしたら式場予約まで行っていたとしても、それがウエディングパークからのワンクリックで行ったかどうか、というのは、分からなかったのです。

式場側では、「何を見て式場見学にお見えになりましたか？」といったアンケートを取っているところも少なくありませんでしたが、カップルにしてみれば正直に答える義務はありません。

そういうケースでなんとなく有名媒体に印をつけてしまうこともあるでしょうし、ウエディングパークをチェックマークの一覧に加えてもらったりしましたが、どこまで真剣に答えてもらっていたかは、分かりません。

結果的に、ウエディングパークが結婚式場側にどこまで役に立っているのか、はっきりと証明することはできませんでした。ただ、「単価も安いし、なんだか一生懸命やっているし、良いユーザーを集めてくると言っているし、信じてあげようか」と言うお客さまとの対話が少なくありませんでした。

それこそ振り返ると、信頼だけで受注をさせてもらったことも少なくなかったと思います。本当にありがたい限りでした。

「三方良し」の幸せを追いかけていけるのではないか

サイトがオープンし、クチコミはどんどん集まってきましたが、売り上げは苦戦しました。毎日、午前0時に僕はその日のクリック数がどのくらいだったか、確認することを当時の僕は日課にしていました。クリック数に100円をかければ、その日の売り上げがシンプルに計算できてしまうからです。

先に、「あなた方がクリックした分も、広告費として取られてしまうんじゃないか」という式場側の素朴な疑問があったと書きましたが、それを防ぐための対策は、すぐにシステム化して手を打ちました。売り上げのためにも、もちろんクリックは喉から手が出るほど欲しかった。ところが、なかなかクリックが増えてくれない。100円の重みを改めて実感しました。

しかし、不正をしてはいけません。それはスタンスとしても持っていましたし、システムとして抑えられるようにすることで、おかしなクリック数が出ることはない、ということは、お客さまにもよく伝えていました。

当初、僕と創業者の役員二人でスタートした事業でしたが、営業などの人員を少しずつ増やしていくことになります。半年で粗利月500万円というCAJJの期限がどんどん迫ってきたからです。僕自身も、自ら営業現場に足を運びました。直販営業が基本ですから、全国を飛び回りました。

この少し後に営業担当として入社し、現在はウエディングパークの役員を務めている作間の営業に同行している時、彼にこんな話をしたことを覚えています。

CAJJプログラムの期限に迫られていたとき、社員は不安になっていました。もっと言えば、いったい自分たちは何のために仕事をしているのか、ということが見えなくなってしまったのだと僕は思っていました。このサイトが何のためにあるのか、です。自分なりにこのとき振り絞ったのが、「三方良し」でした。もちろん、良い結婚式を挙げたくて、クチコミを見に来たカップルにとって、ウエディングパークは役に立つことができます。しかし、そのためだけではない、と僕は改めて思うようになっていました。

なぜなら、結婚式場も真剣に仕事をしている、ということを改めて知ったからです。どうしてクチコミにあれだけ敏感に反応されたのか。それは、一生懸命に仕事をしていた、ということにほかなりません。

式場とコミュニケーションを交わすようになり、あるいはクレームに対応しているうち、結婚式場が持つ苦しみや、リアルな現場の大変さが見えてきました。カップルとどう向き合っていくか、というのは一筋縄ではいかないのです。

クチコミサイトというと、「ユーザーファースト」という言葉が真っ先に浮かびます。ユーザーが満足すれば、お客さまはついてくる、とも言われます。しかし、僕はそうは思いませんでした。ユーザーのためにサービスをしているのは、業界の方々なのです。その意味で、業界の方々と正しい関係になっていくことも大事。両方が発展していくことが望ましい、ということです。

そしてもう一つが、ウエディングパークが、そしてウエディングパークの社員が幸せに頑張れることです。

ユーザー、式場、我々の「三方良し」を目指していこう。今は苦しいけれど、そこに行きたいと思っている。そんな自分の考えを伝えていました。

結婚式場からのクレームは相変わらずありましたが、いつも締めの言葉でこう言っていました。「いつかこのクチコミを使っていただいて、より良い結婚式場になられることを僕たちは信じています」。きれいごとと思われるかもしれませんが、そう信じるしかないと思っていました。そこに意味があるのだと思っていました。

毎日たくさんのクチコミを読んでいて、僕は改めてウエディングの素晴らしさを感じていました。みなさん、ウエディングへの愛情が人一倍あるのです。だから、もっと良くなってほしい、と考えている。切実に考えている。

実際、「着替えようと思ったら場所がなくて、タオルで隠されながら着替えた」なんて赤裸々な新婦のクチコミもあったのです。まさかこんなことが、です。「私は我慢するけれど、次の新婦にあんな思いをさせたくないから、ぜひ直してほしい」「アップされなくても、ウエディングパークには知ってほしい」と。

こういうクチコミを見ると、僕たちの意義がある、と思うわけです。式場には言いにくい心情も分かる。でも、僕たちのような第三者のメディアがなかったら、こういう声はおそらく世の中に出てきません。流通していかない。祝い事でもあるからです。

これはやっぱり誰かが立たないといけないのです。そういう意識も、僕の中では芽生えていきました。「三方良し」にしないといけないし、「三方良し」が目指せる仕事なのではないか、と改めて思ったのです。

最後は、イレギュラーな形でギリギリJ2昇格を勝ち取る

クチコミをまったくゼロのところから集め、チェックをして選び、サイトをつくり、お客さまを回り、時には叱られ、時には僕たちを信頼してくださって応援いただいて、ウエディングパークは少しずつ育っていきました。

もちろん、サイバーエージェントの子会社であるわけですが、厳しい状況に身を置かれたおかげで僕自身、創業者魂がふつふつと沸き上がっていました。自分の給与を上げるために仕事をしていない自分がいました。誰かに褒めてもらおうとか、サイバーエージェントで出世しようとか、そんな気持ちもまったくなくなっていました。

ＣＡＪＪプログラムはもちろんありましたが、ＣＡＪＪプログラムのために頑張っているわけではない、という思いも、気概としてありました。

自分がウエディングパークに全力を尽くしている、という強い気持ち。それこそを大切にしていたのです。やるべきことをやっている、世の中に求められていることをやっている。だから、こうと決めたらやろう……。振り返れば、良い意味で頑固一徹だったと思います。だからクチコミを消せと言われても、クレームで叱られても、ひるむことはありませんでした。

そんな僕たちの頑なな姿勢を、支持してくださるお客さまも次第に増えていきました。しかし、それでも現実は厳しかった。ＣＡＪＪプログラムの期限は、着実に迫ってきていました。夜10時にクチコミを承認し、今日も良いことができた、と思っても、午前0時にクリック数を見て、売り上げが少ないことが分かると落ち込みました。

ワンクリックをもらうことの大変さ、１００円を稼ぐことの難しさを改めて痛感させられました。サイバーエージェントの営業時代は、広告代理事業で数千万円の売り上げを当たり前のように上げていました。キーエンス時代も、良い商品を４００万円、５００万円という金額で売っていました。

しかし、さんざんクレームも浴び、１００円のためにこれだけ苦労するのか、と改めて思いました。でも、これがおそらく、信用のないところから事業を始めるという大変さなのだ、と自分にも言い聞かせていました。創業の苦しみだ、ちゃんと味わわなきゃいけないことだ、と。

クリック数を急激に上げる秘策はありませんでした。ＣＡＪＪプログラムでＪ３からＪ２に上がるには、半年で粗利月５００万円を上げなければいけません。実は直前まで、その数字は間に合いませんでした。撤退の可能性は、すぐ隣合わせでした。

サイバーエージェントに頼んで、ウエディングパークにウエディングとは関係のない広告を入れる、という選択肢がありました。そうすれば、短期的に広告費を計上できる。しかし、僕はやりませんでした。結婚しようとするカップルに、ふさわしい広告とは思えなかったからです。

崖っぷちで救ってもらったのは、知り合いの経営者がいた大手結婚式場でした。僕は、クリック広告ではなく、いわゆる掲載型の純広告の売り上げとして出稿を検討してもらえないかと、お願いしに行きました。

ウエディングパークには、そんな広告のメニューはありませんでしたが、「メニューをつくるので、やってもらえないでしょうか」と頭を下げました。

結果的にこのとき、大きな広告を出稿いただくことになります。この時は、チャンスをいただいて心から感謝をしています。

クリック課金モデルでは事業計画上、まったく間に合っていなかった状況の中、起死回生の広告受注をいただいて、まずはＪ３からＪ２への昇格がクリアになったのでした。

しかし、僕は分かっていました。Ｊ２は藁にもすがる思いの中で、なんとか昇格できましたが、Ｊ１への昇格は、この3倍の額が必要になります。こうしたイレギュラーでは、もう続かないということです。このままだと、Ｊ１には絶対に行けない。

唯一の頼みは、契約数を伸ばしていくことのみでした。そこで、頑張って営業担当者を採用し、全体で20人まで社員数を増やしていくのです。

しかし、待っていたのは、とんでもない事態でした。

5.

倒産寸前のタイミングで社長に就任

社長に就任するも業績は伸びず、役員、社員が次々に辞めていく

２００４年9月、ウエディングパークはＣＡＪＪプログラムで無事、Ｊ２に昇格しました。ここからＪ１に昇格するためには、ここから1年以内に単月黒字化、月に１５００万円以上の粗利益を出さなければなりません。

人材を増やし、「Ｊ１に昇格しよう」と僕が連呼する日々が始まります。そして２００５年１月、ついに僕はウエディングパークの社長を藤田社長から引き継ぎました。

Ｊ２に上がり、少しずつ売り上げは上向いていて、実績を見て任せようとしてくれているのだ、と捉えました。

もとより僕としては、最初から社長のつもりでやってきていました。このままいけるのではないか、という自信も少しは持てるようになっている時期でした。年が明けて1月になり、新年の役員会で「今月から日紫喜君に社長を引き継ぐ」と創業メンバーだった二人の役員に伝えました。「もう日紫喜君でいいと思うので」と。

ありがたかったのは、このとき藤田社長が僕を気遣い、二人の役員にこう伝えてくれたことです。

「お二人で、盛り立てていってくださいね」

この言葉は、僕にとってとてもうれしいものでした。二人の役員は創業者でもあり、僕よりも年上です。しかも、ウエディングパークがスタートしてからも、立場としては上下関係があったわけでもなく、微妙なものがありました。

そんな中で、「今日から社長なので、二人で盛り立ててあげてください」とお願いしてもらえた。僕が同じような立場になったときも、藤田社長と同じような引き継ぎができるようになりたい、と思いました。

しかし、ウエディングパークのビジネスを巡る状況は、楽観視できるものではありませんでした。そこで少しずつ人を増やし、2005年の夏頃には20人規模になり、クリック数も増えていきました。

「とにかくJ1に」と叫び続ける日々。振り返ってみれば、考えは甘かったと思います。僕は、真剣に言いさえすれば人は動いてくれると思っていました。しかし、ただ「J1に行こう」「売り上げを上げよう」では人は動かないのです。

当時は、二人の役員と三人で経営の数字を見ていました。月を追うごとに分かっていったのは、目標と実際のギャップが広がっていったことです。それこそ毎日、始発から終電まで会社にいて、なんとかクリックを増やす施策を考え、営業活動に向かいました。シンプルにそれをやるしかなかった、ともいえます。

そうしているうちに、1年の期限があっという間に迫ってきました。9月がCAJJプログラムの最終期日でしたが、広告営業では前々月には受注の状況で9月の売り上げが予想できます。そうすると、7月くらいには、もうこれはどうあがいてもいかない、ということが分かってくるのです。

そんなとき、やってきたのが、想像もつかなかった事態でした。7月のある夜、役員の二人に呼び出されました。そして、突然「辞めたい」と言われたのです。

事前の相談はありませんでした。すでに二人でいろいろ考えていて、自分たちで再び起業してみたい、ということでした。僕のことが嫌いとか、ウエディングパークが嫌になったとか、そういうことではなくて、サイバーエージェントグループに入ってみて、やっぱり自分で起業してきた楽しさを思い出した、またそれをやってみたい、と。

僕からすれば、どうしてこのタイミングで……。と、大きなショックでしたが時間もなく、「わかりました」と言うしかありませんでした。二人の希望は、その月末での退社でした。

創業者だった役員二人が抜ける。このことで会社は大きく動揺しました。もしかしたら、まずい船に乗っているのではないか、という空気があっという間に広がりました。翌月に入ると、「日紫喜さん、ちょっといいですか」と毎日のように呼び出されるようになりました。社員からの「辞めたい」という相談です。毎日のように呼ばれ、いろんな理由で退職したい旨を伝えられました。結局、社員の半分が翌月までに退職しました。

正式に社長に就任し、ちょっと前まで「J1頑張ろう」「社長、頑張りましょう」とみんなで盛り上がっていた社員が、次々に辞めていく。自分が採用した社員たちです。人の心というのは、こんなに変わるのか、と思いました。二人の役員の退職で、あっという間に雰囲気が変わってしまったのです。

半分もいなくなると、昨日までできていたことができなくなります。残った社員に負荷もかかります。ただこの時は、知り合いの経営者に頼んで、サイト製作を一部外注しながら、なんとかメディア運営を維持していました。この時支えていただいたことは本当に感謝しています。

しかし、会社は大丈夫なのか、J1に上がれるのか、社内で不安はますます広がっていきました。経営方針に対しても不安視され、まさに四面楚歌の状態になりました。これが、ウエディングパークをスタートさせてから、最もつらく、最も苦しかった時期でした。

大口クライアントからの「消してほしい」にも応じなかった

残った10人も、「これからどうなるか不安だ」という暗い雰囲気でした。「この会社は結局どうなるのか」「いちおうは残ったけど」……という疑心暗鬼が広がっていました。「一緒に頑張りましょう」という団結ムードがあったかといえば、正直まったくありませんでした。

組織を軌道に乗せられず、大量退職を招いてしまったことで、僕は深く傷ついていました。残った社員ともギクシャクしていました。この先も残ってくれるのか、不安ばかりが頭に浮かんでいった時期でした。

このときのメンバーの一人が、今も役員として残っている作間です。彼に聞くと、当時の僕は鬼の形相だったそうです。ショックはありつつも、なんとかするしかない。始発から終電という、本当に体力的にも精神的にもギリギリの状態でやっていました。

不安かもしれないけれど、足は止めるな、と残った社員に対しても、厳しいコミュニケーションをとっていたようです。緊張感が半端ではなかっただけに、残った社員もダラけるようなことはなく、外回りに出かけてくれていました。社員も、大変だったと思います。

役員の二人が辞めることになったとき、僕の頭に真っ先に浮かんだのが、藤田社長の顔でした。僕に期待をしてくれ、信頼をしてくれて、社長を任せてくれたのです。引き継ぎで、「盛り立ててやってほしい」とまで言ってくれた。ところが、僕は期待に応えられなかったのです。

退職したいという話があった夜、これは経営リスクになると思った僕は、遅い時間でしたが、すぐに藤田社長に報告しなければいけないと思いました。オフィスは、サイバーエージェントの本社から離れていましたので、メールで取り急ぎの報告をしました。

そうすると、送信後すぐに返信が来たのですが、その文面に僕は驚きました。

「これで日紫喜君、思い切ってやれるよ。頑張って」

改めて、藤田社長という経営者の凄みを感じました。経営というものが、いかにシビアなものなのか、ということも分かりました。そんな中で、任せてもらっている。見ていないようで、藤田社長は実によく物事を見ていたのです。

ＣＡＪＪプログラムの最終期日が迫る中、Ｊ１昇格は崖っぷちでした。混乱のさなか、大口のクライアントから、ネガティブなクチコミが掲載されてしまったので消してもらえないか、という電話がかかってきました。消してもらえないのであれば、会社としては取引停止も考えざるを得ない、と。

困っているのはよく分かりました。そしてここで取引を止められたら、会社として大きな痛手になることも分かっていました。それでも僕は、「申し訳ありません。消せません」と伝えました。正しいことをやっていると自分を信じられるから仕事に対して迫力も出るし、社員の人生も預かれると僕は思っていました。

実際、こっそり消すことはできない。社員がまず気づきます。ユーザーも気づくはずです。よく見ている人は「あれ、消えた」となる。悪いクチコミを消せば、評点も上がります。そうなると、「ウエディングパークはどうなっているんだ」ということになりかねない。

社会に出て僕が強く意識してきたのは、世の中は信用で動いている、ということです。売り上げも大事です。しかし、目には見えませんが、信用が失われると戻ってこない。では、こういうときに何が信用を守ることにつながるのか、といえば、スタンスを曲げないこと、だと思いました。苦しい立場は理解できても、なんとかご理解いただくのが、社長の務めだろうと僕は思いました。だから、断りました。本当に苦しいことでした。あまりに苦しくて、その場でどう言ったのか、覚えていません。結局、取引は停止されました。人気の結婚式場でしたからクリックも減り、売り上げも急落しました。

社内でも言われました。「小さなクチコミくらい消してもいいんじゃないの」……。一方で「信念を貫き、よくやってくれました」という声もありました。しかし、J1に上がれなければ撤退という中で、「大丈夫なのか?」という声のほうが大きかったと思います。

こういう動きが、役員の退任や社員の大量退職につながってしまったのかもしれません。しかし、僕は自分を曲げることができませんでした。それが、ウエディングパークのためだと思っていました。ちゃんとした事業を立ち上げたいと思っていたのです。

ただ、こうやって今も会社が残っているからそれは言えること、というのも事実です。もし、そのまま会社が潰れていたとしたら、「格好つけてる場合ではない」で終わった話なのかもしれません。ただ、もし同じことがまた起きたとしたらどうか、といえば、僕は同じようにしたと思います。

この事業の可能性を直談判、奇跡の昇格期限延期

大口のクライアントを失い、役員二人が抜け、社員の半分が辞めてしまった2005年の8月、ウエディングパークはまさに危機的な状況を迎えていました。CAJJプログラムの期限は9月。しかし、目標の数字はとても不可能であることが見えていました。

サイバーエージェントでは、CAJJプログラムの期日になると、役員会に責任者を呼び出して通告することになっています。9月に入り、僕にも呼び出しが来ました。

「J1に上がれないので撤退」という通告を受けることになるわけですが、僕はあきらめていませんでした。結果が出せていませんから、最終的に僕が決めることはできない、という現実は分かっていましたが、このまま引き下がるつもりはありませんでした。

何より、クチコミサイトとしてメディアの信用力が上がっていたことを、強く実感していたのです。ユーザーからついてきてもらっている、良いサービスだ、という評価をもらえている手応えがありました。

ただ、売り上げがついてこなかった。それは自分の責任でしたが、せっかくユーザーから高い支持と評価をもらっているのに、事業を止めてしまう意味はないのではないか、と思っていたのです。

今現在の話というよりも、未来志向で、この事業がサイバーエージェントにとってメリットがある、社会的な意義がある、それをやる覚悟もある。そのことを会社に伝える責任が僕にはあると思いました。そこで、説得するべく資料をつくり、熱血漢のようにテンションを上げて、役員会に乗り込むことにしたのです。

役員室に入ると、目の前にずらりと八人の役員が座っていました。これだけで、強烈な圧迫感を受けました。「間に合わなかったね」という言葉が出てきたところで、「実は今日は伝えたいことがあります」と僕はおもむろに立ち上がって資料を配りました。そして、自分の思いの丈を懸命にプレゼンしたのです。

資料は用意しましたが、基本的に藤田社長などは資料を見ません。企画書も好きではない。だから、右肩上がりで伸びていることをビジュアルで見せ、未来は明るい、なぜならユーザーがこれだけついてきているから、だから営業利益は少なくとも数十億はいく事業だ、ということを熱い言葉で話していきました。

それこそ呼び出されて通告は、せいぜい2、3分。ですから、僕の話は1分ほどだったと思います。ここでも「ちょっといいですか」と「さわやかに厚かましく」を実践したのです。

七人の役員からは、思わしくない表情しか見えませんでした。ところが一人だけ、表情が違っていました。そして終わり際になって、こんな言葉が聞こえてきたのです。

「少し延長していいよ」

藤田社長でした。最後の最後、ボソッとこう言ったのです。まわりの役員からは、驚きの表情が見えました。てっきり、このまま撤退になっておしまいだと思っていたからです。そして藤田社長はこう続けました。

「ただ、そんなに待てないよ」

こうして僕は、奇跡的にＣＡＪＪプログラムのＪ１昇格までの延長を承認してもらったのでした。

とんでもないことが起きたと思いました。それまで、ＣＡＪＪプログラムで延長が行われた、などという話は聞いたことがありませんでした。延長といっても少しだけですが、それでも、例外中の例外だったのです。

呆然として、会社に戻って残った社員に伝えました。奇跡だけど延長になった、と。みんな一様に驚いていました。本当に幸運なことでした。

そしてもう一つ。幸運なことがウエディングパークに残っていたことに、僕は気づくのです。

広告費を定価に戻し、Ｊ１に昇格

Ｊ１昇格の期限が延びたといっても、少なくとも半年以内だろうと僕は捉えていました。何年も待ってもらえる話では絶対にないので、ここは追い込まなければいけない、と。

そしてこのとき、売り上げを大きく伸ばす方法があることに、僕は気づいていました。当時のウエディングパークはクリック課金というビジネスモデルで、1クリック200円の定価で全国の結婚式場に広告商品をつくっていました。しかし、最初は分かりやすい価格が良いだろうと、その頃は半額キャンペーンとして100円で販売していたのです。

役員会から奇跡の延長を承認してもらい会社に戻ってきて、僕は考えていました。ひとまず延命になったけれど、このまま一生懸命やっても、あと半年程度では間に合いそうにない。そこでキャンペーンを終了し、単価を定価に戻すことを決断するのです。

そうすると、100円のものが200円になるわけですから、売り上げは単純に2倍になります。しかも、コストは変わりません。社員は10人のままですから、利益が大きく上がる。これが実現すれば、短期間で単月黒字、粗利月1500万円というJ1昇格の基準を満たせる計算になったのです。

しかし、これはどんな人でもそうだと思いますが、突然「明日から価格が倍になります」と言われて、「ああ、そうですか」では済みません。

キャンペーンが終了したから、という理由はあるにしても、タイミングを見計らう必要があったのです。その意味で、偶然にもCAJJプログラムの期限だった9月という時期が、僕たちには好都合だったのでした。

ウエディングパークは9月決算で、10月から新年度になります。そこで、当時の取引先に対して、「新年度の10月から定価に戻させていただきます。今までキャンペーンへのご愛顧ありがとうございました」という手紙を送ろう、行けるお客さまには行って説明しよう、と全社員に伝えました。

誰にも相談しませんでした。残った10人の社員に、「これで行くから頼む。説明してきてくれ」と言いました。言ってみれば、残ってくれていたメンバーに、「値段が2倍になります」という話をしてこい、という鬼の宣告をしたのです。

このときの僕は、本当に鬼のようだったそうです。社員には「あのときは本当に怖かった。不満はありましたが、やるしかないという空気感だったので、泣きそうになって行きました」とよく言われました。

そして、このお願いに対して、9割のお客さまがＯＫをしてくださったのでした。この時は、ウエディング業界の皆様に救っていただいたと感謝しています。結果的に、すぐにＪ１に上がる基準を達成でき、僕は藤田社長に報告しました。

Ｊ１昇格が確定したのが、２００５年2月。僕の誕生日は3月だったのですが、その日にみんなでＪ１お祝い会をしました。結局、延長してもらって5カ月で基準を達成することができたのです。

振り返れば、キャンペーン価格を設定していたことが功を奏したわけですが、そもそも、どうしてそんなことをしていたのか。２００４年当時、僕たちはグーグルのサイトリスティング広告に出稿して、ユーザーを集客していました。

そのユーザーを、ウエディングパークのクライアントの公式ホームページに誘導して課金していくという流れになるわけですが、グーグルの広告というのは、オークション形式なのです。

入札する企業が増えるほど、単価はどんどん上がっていく。つまり、グーグルクリック課金の広告モデルというのは、オークション形式で値段が変動するものなのです。

ウエディングパークとして、１年、２年と継続してユーザーを大きく集めれば集めるほど、仕入れの単価はいずれ上がると予想されました。ウエディングパークサイトへの集客の値段が上がっていくのに、結婚式場へのクリック課金の単価が同じだと苦しくなります。


そこで、いつか集客の単価の上昇とともに、ちゃんとクリック単価を上げられるように、ということを考えていたのです。そこでまずクリック単価を定価２００円に設定し、売りやすさを考えると当初はワンコインがいいだろうということで１００円にし、いつか倍にしよう、そして仕入れ値に合わせてクリック課金の価格も上げていこう、と考えていたのです。

ただ、問題は先にも書いたように、いつキャンペーンを終わらせるか、でした。おかしな時期にやると、不自然なことになります。また、クリックの効果がよく分からない、という声もあった中でキャンペーンを終えるというのも、現実的ではありませんでした。

そこにやってきたのが、決算期というタイミングでした。1期目が終わり、お客さまからの理解も高まり、ユーザーも増えていた中で、2期目から定価に戻す、というのは、それほど違和感はないことだと思いました。

これは本当に偶然でした。売り上げを倍にするために、営業担当を2倍にするには時間もかかったはずです。その意味では、ここでもまた本当に運が良かった。もし、キャンペーン価格から定価への切り替えが上手くいかなかったとしたら、今のウエディングパークはないかもしれない。撤退していたかもしれません。

そして、ウエディングパークのビジネスモデルは、売り上げが安定的に継続し、積み上がっていくモデルでした。単に数字が満たされたというだけではなく、事業の継続性が見られる、ということも評価されました。

たしかに、運があったと思います。しかし、当時を振り返ってみると、そんなことを言っている余裕はありませんでした。とにかく必死でやっていたので、わかりませんでした。ただ、やはり巡り合わせの良さというのは、経営には大事なことだったと思います。

6.
逆境のウエディング業界
目指すのは一番のみ

目指すべき「小さな一番」をつくる

２００６年3月、ウエディングパークはサイバーエージェントのＣＡＪＪプログラムで、Ｊ１に昇格しました。Ｊ１昇格後は、ひとまずそれまでのような期限や制限のようなものはなくなりました。

良くも悪くも、ウエディングパークのビジネスは、サイバーエージェントからすると小さかった。それこそブログやゲームなど、新しい大きなマーケットがいきなり目の前に現れて、急激な成長を遂げていった時代でした。しかし、ウエディングパークは、そうした大きく伸びを見せられるような事業ではなかったのです。

それでも、僕は相変わらず、朝は誰よりも早く出社し、夜は遅くまで会社に居続ける、モーレツ型の仕事を続けていました。今では、考えられないような仕事のスタイルでした。

また、この頃サイバーエージェントの技術担当役員の方が経営チームに参加してくださり、メディア運営におけるノウハウや技術的アドバイスを的確にいただく機会に恵まれました。僕が営業出身の経営者だったこともあり、気づきが多くとても支えになっていただき感謝しています。

このときに改めて感じていたのは、経営の面白さです。そして自分なりに掲げていたのが、小さな取り組みを進めていくことの大切さでした。それは確実に会社を変えていき、社員のモチベーションも高めてくれることに気づいたからです。

例えば当時、僕が導入したのが「カイゼン」という名の社内表彰制度でした。これはキーエンスの制度を参考にしたものですが、月に一度、社員が一人一案、どんなことでもいいので、会社についての改善案を社長に提出する。1%でもいいので、何か前進すると思えるものがあれば、それを出す。社員には、必須としていました。

その中から、特に良い改善があったものは、みんなの前で表彰し、わずかでしたがインセンティブ報奨も出していきました。そして、ちょっとでも改善があれば、それを喜ぼうという風土を、社内につくっていきたいという思いがありました。

それこそ、ここから4年ほどは、なかなか業績が大きく上向くことがなく、従業員も20人ほどで、これ以上、増えることがありませんでした。

サイバーエージェントには、派手に伸びていく新規事業も少なからずありました。どうしても、隣の芝生は青いし、かっこ良く見えてしまう。

そんな中でも、「いやウエディングパークは違うのだ。小さな改善を日々楽しめるようなメンタリティでやっていこう」ということで社内をまとめていった時代でした。

真面目な改善だけではなく、面白い提案でも良かった。例えば、こんなことを提案してくれた若い営業担当者もいました。お客さまとのアポイントに行くと、自分は童顔なので、どうにも若く見られる。なので、直前に洗面所でオールバックにしていた。そうやって、お客さまである年配のキーマンに対しても、ちゃんと営業できるようになりたい、と。

ただ仕事をこなせばいいわけではなく、面白がり、楽しんでやってみるという明るいムードも大事にしていました。そういうところから、学びがあって、モチベーションも高まっていく。そんなことを社員に知ってもらえたらと思っていました。

もう一つ、小さな取り組みといえば、「小さな一番をつくっていこう」があります。

自分たちが目指すことができる小さな一番をつくって、それを一生懸命こなして、達成して喜ぶ。そして、また次の目標をつくって、達成に向かっていく。そう決めたのです。例えば、クチコミの数で一番になる。式場の広告契約数で一番になる。クチコミの返信をする式場の数で一番になる……。

いろんな一番を設定していきました。何か目指すものがなければ、社員はどうしても仕事へのモチベーションが下がっていきます。改善もそうですが、小さな一番をつくることで仕事がマンネリ化したり、事業が伸び悩んでいるところを空気としてつくらないような努力を推し進

郵 便 は が き

料金受取人払郵便

代々木局承認

7172

差出有効期間
2020年12月
31日まで

151-8790

203

東京都渋谷区千駄ヶ谷4-9-7

株式会社 幻冬舎メディアコンサルティング

「僕が社長で
あり続けた、ただ一つの理由」係行

お名前（ふりがな） □男 ・ □女	
ご住所 〒	
メールアドレス	
生年月日 年 月 日	ご職業
業種	役職

ご記入いただいた個人情報は、許可なく他の目的で使用することはありません。

1 本書を知ったきっかけは？ あてはまる答えに○を付けてください。

a 書店で見て　　b 新聞で見て（掲載紙名　　　　　　　）

c 知人にすすめられて　　d 雑誌で見て（掲載誌名　　　　　　　）

e プレゼントされて　　f インターネットで見て（ HP ・ メルマガ ・ ブログ ）

2 本書を購入された理由は？ あてはまる答えに○を付けてください。（複数回答可）

a タイトルにひかれた　　b 内容・テーマに興味があった

c 著者に興味があった　　d デザインにひかれた

e 話題となっているから　　f 値段が手頃だった

g その他（　　　　　　　　　　　　　　　　）

3 本書の評価は？ あてはまる答えに○を付けてください。

タイトル	a 非常に良い	b 良い	c 普通	d 悪い	e 非常に悪い
デザイン	a 非常に良い	b 良い	c 普通	d 悪い	e 非常に悪い
内容	a 非常に良い	b 良い	c 普通	d 悪い	e 非常に悪い
価格	a 非常に安い	b 安い	c 普通	d 高い	e 非常に高い

4 好きな本のジャンルは？ ＿＿＿＿＿＿＿＿

5 本書の感想をご自由にお書きください。

＿＿＿＿＿＿＿＿＿＿＿＿＿＿＿＿

＿＿＿＿＿＿＿＿＿＿＿＿＿＿＿＿

＿＿＿＿＿＿＿＿＿＿＿＿＿＿＿＿

＿＿＿＿＿＿＿＿＿＿＿＿＿＿＿＿

＿＿＿＿＿＿＿＿＿＿＿＿＿＿＿＿

＿＿＿＿＿＿＿＿＿＿＿＿＿＿＿＿

お寄せいただいたご感想を広告等に掲載してもよろしいですか？

□実名で可　□匿名なら可　□不可

ご協力ありがとうございました。

めていきました。

僕が最初に定めた小さな一番は、式場の広告契約数で一番になる、でした。そうならない限りは、他の事業はやらない、と決めました。会社のリソースには、限りがあったからです。

良いクチコミを集めるために。業界健全化のために

そしてもう一つ、一番といえば、強いこだわりを持ったのが、クチコミの数です。クチコミ数は、経営で最も重要な指標の一つとして、常に増えていくよう、取り組みを進めていきました。ウエディング領域におけるクチコミについては、圧倒的に一番になっておかなければいけない、と考えていました。

実は、今のようにクチコミ情報などが当たり前になる前は、ネット上からの投稿では限界があると判断し、ネット以外からのクチコミ情報の収集も行っていました。

広告契約をしてくださる結婚式場にクチコミ投稿用のハガキを置かせてもらい、ハガキを書いてもらうことによって、クチコミを集めていったのです。ネットからの投稿への抵抗や不安

がまだまだあった時代でもあり、これは好評を博しました。

そして、広告契約をしてくださる結婚式場が増えれば増えるほど、ハガキを設置してもらえる場所も増え、クチコミも拡大していくという相乗効果を生みました。

こうしてクチコミを増やす一方で、クチコミのクオリティは相変わらず僕がすべてを見て、最後の砦としてチェックしていました。


J1に昇格してからの数年は、有料契約式場を増やす取り組みを推し進める一方で、良いクチコミを増やしていくことに集中していた時期だったともいえます。20人ほどの規模でしたから、パワー的にそれくらいしかできなかった、という言い方もできるかもしれません。

日々のトレンドを取材に行き、タイムリーに発信していく取材発信力は、ウエディングパークの強みにはならない、と当時の僕は判断しました。それは、今やるべきものではない。したがって、編集者を採用することも検討しましたが、それは今は違う、という決断をしました。こうしたコンテンツに力を入れ、編集者を社内に迎えるようになるのは、まだずいぶん先のことです。


それよりも、まずはクチコミで一番になる、クチコミのクオリティに力を入れる、というところにこだわったのでした。それが、ウエディングパークの最大の強みになると思ったからです。

シビアな決断ですが、それを冷静に判断するのが、経営者の仕事だったと思っています。

ですから、良いクチコミを集めるためにこそ、さまざまな取り組みをしました。座談会でユーザーの方に来ていただいて、どんなクチコミが役に立ったか、聞いたりもしました。

クチコミの投稿フォームでも、「こんなクチコミが理想です」というサンプルを載せたりするようになっていったのは、この頃からです。クチコミを募集するときにも、どんなクチコミに期待しているか、どんなクチコミをカップルが求めているか、を明らかにすることによって、質を高めることができるのです。

これはもう少し後のことですが、クチコミに対して結婚式場側が任意で返信ができるようにもしました。

ユーザーからネガティブに思える書き込みがあったとしても、それに対してどんな姿勢で返信が行われているのかによっては、むしろイメージが上がることもあります。逆に、ユーザーの声を過小評価している、という姿勢が見えてしまうこともある。

また、クチコミを投稿するユーザーも、結婚式場側からの返信があり得るとなると、いい加減なことは書きにくくなります。これは、クチコミのクオリティ向上という点では大きな意味があると思いました。

実際、ネット上ではときどき荒れたり、炎上したり、ということが起こったりしますが、ウエディングパークではそうしたことはありません。いい意味で緊張感があり、式場側も見ていることで書きがいがあるというユーザーの声もあります。こうした取り組みで、クチコミの質はますます上がっていくことになりました。

一方で、先にも少し触れましたが、オープンになっていない悲劇やカップルのトラブルが、やはりあるのだ、ということも僕は知ることになりました。全体数からすると、ハッピーだったというクチコミが多かったのですが、一部にはかわいそうな事例もありました。誹謗中傷が目的と思われる投稿や、カップルが特定されてしまうような投稿は、掲載することができませんでしたが、それを完全に放置しておくことは、これからのウエディング業界としても良くない、とも僕は感じていました。そこで、ウエディングパークでカップルが特定されないよう配慮し、「実はこんなトラブルがあった」ということを特集ページとして掲載したのです。中には、「そんなことがあったのか」と誰もが目を疑うようなものもありました。

こうした声が、少しでもウエディング業界の健全化に向けられるよう、メディアとしても頑張っていきたいと社員には伝えていました。どの式場にどんなクチコミが投稿されているのかも把握していました。当時は僕自身も営業に行っていましたので、企業によっては、個人情報を特定されないように、「こんなことがあったとお聞きしています」と伝えることもありました。こうした取り組みが、少しでも改善につながることを祈っての行動でした。

現在は全国9拠点。なぜ、直販の営業にこだわったか

ウエディングパークの大きな特色の一つは、インターネット企業では珍しいと思いますが、直販体制にこだわってきたことです。当初は東京から直接、全国に、それこそ北海道から沖縄まで営業に行っていました。現在は全国9カ所に営業拠点を持っており、それぞれのエリアを担当しています。いわゆる直販です。

僕が直販にこだわったのは、ウエディングパークの営業担当は、ただの広告提案営業で終わってほしくない、という意識があったからです。ウエディングパークのサイトから式場のホームページに誘導する広告の提案をすることは、もちろん営業の仕事になるわけですが、僕はもう一つ、大事な役割があると思っていました。

それは例えば、こういうコミュニケーションを結婚式場に対してできることです。

「最近こういうクチコミが投稿されています。御社が広告として打ちたい内容と、実際にユーザーが感じられているクチコミは今、少し差が出ています。だから、広告表現を変えたほうが良いのではないでしょうか」

「クチコミをベースに、改めて魅力をピックアップし直して、ブライダルフェアを開催したほうがいいと思います」

「こうしたクチコミが来ていますので、何かサービスとして改善されることを検討されてはいかがでしょうか」

実際に、今ではこうした提案を積極的に行っています。僕が直販営業に期待したのは、こうした提案がしっかりできることでした。お客さまからは、「そういうことを言ってくれる人は、これまでになかなかいなかったので、ありがたい」と受け止めてくださるケースも少なくありませんでした。

クチコミのクオリティが高まっていくことで、お客さまのクチコミに対する受け止めも大きく変わり、それを自分たちの戦略に結びつけていく意識が生まれていったともいえます。

そんな中で、ウエディングパークの営業担当は、ユーザーのクチコミをお客さま向けに「翻訳」して、付加価値として提供していきました。提案型営業と言っていますが、これをお客さまからも高く評価いただくようになっていきました。

こうした営業を展開していくには、きちんとお客さまとコミュニケーションしていく必要があります。また、特に当時はインターネット広告は最先端で新しい分野でした。それだけに、結婚式場に丁寧に説明する必要があると考えていました。さらに、その中で付加価値を創造するため、営業がお客さまのニーズや課題を理解し、解決できる企画を柔軟につくれるようにするためにも、直販営業は重要なキーワードだったのです。

営業所を構えることとで、より広範囲に営業活動ができるようになりました。全国の結婚式場に営業活動を行うにあたり、各主要エリアに拠点があれば、営業効率が良いのは言うまでもありません。より細やかなサービスを提供していくうえでも、しっかりと営業拠点を構え、訪問などの対応が機動的にできることはとても重要だと認識しています。

ネット企業の中でも、僕たちの会社のように全国に拠点を持つケースは珍しいと思います。それは、直販営業による細やかな提案、サポートへのこだわりなのです。

そしてもう一つ、営業拠点では極力、地元に詳しい人材を採用、育成しています。ウエディングには、地域性が反映されます。地域ごとの特性を理解し、最適な提案活動を行っていくためにも、それは極めて大事なことだと考えていました。

地域を愛して地道に努力を続けられる営業担当だからこそ、お客さまも期待を込めて新しい提案に投資いただけるものだと思っています。

もちろん、全営業を地域出身者にすることは難しいですが、地域出身でない営業には、出張のたびに、できるだけその地域独自のエリア特性をお客さまから学ぶように指導しています。また、営業活動の合間の食事などもコンビニで済ますのではなく、その地域の特産品や流行っているものを食べるなどして、溶け込むように伝えています。

全国の式場が掲載されている価値。だからこそ、営業を頑張らないと

営業活動を推し進めていく中で、ウエディングパークについて、僕はその価値の大きさを改めて理解していくようになりました。クチコミがユーザーに支持されていることはよく分かりましたが、他のメディアにはない価値があったのです。それは、圧倒的な数の結婚式場の情報が掲載されている、ということです。ウエディングパークには全国にある約５０００の結婚式場の情報が載っており、そのすべての結婚式場のクチコミを見ることができます。

初めて式場探しをするカップルからすれば、「このエリアにこんな結婚式場があったんだ」という発見をするかもしれない、「このクチコミ、すごくいいから一度行ってみよう」ということになるかもしれない。

ただ、有料契約式場になっていないと、ウエディングパークに出ている結婚式場の情報は、限られたものになります。カップルがもっと詳しく情報を見たいと思っても、ワンクリックでそ

の式場のホームページには飛ぶことはできないのです。

有料契約していただければ、ウエディングパークのページでも100点まで式場の見せたい写真を載せることができますし、また、最新のブライダルフェアの情報を提供していくこともできます。

これは、結婚式を挙げたいカップルにとっては、有益な情報です。広告が情報コンテンツになっていて、それはすなわち、ユーザーであるカップルの役に立てる。これは、ウエディングパークに広告を掲載しよう、という機運をしっかりつくっていかなければいけないと、改めて強く感じた気づきでした。

もちろん、良いクチコミを集めることも大事ですが、ウエディングパークが式場に頑張って営業活動していくことで、さらにユーザーの役に立てるということです。

それは営業活動に向かう大きなモチベーションになりました。僕自身も、積極的に営業に行かなければいけない、こうした意義をウエディング業界に知ってもらわないといけない、と強く思うようになっていきました。

実際、僕は日本全国を飛び回りました。東北にも四国にも行き、結婚式場のトップと酒を酌み交わしながら、トップ営業も推し進めました。

「ネット企業って、もっとスマートだと思ったら、泥臭いね」

「びっくりしたよ、社長が来るんだね」

「朝まで飲みに付き合ってくれるなんて、うれしいよ」

そんな声をよくいただきました。一方で僕は、それが売りになるのであれば、どんどん泥臭い営業をやろうと思っていました。まずは飲んでから、ということでも構わない。僕という人間を知ってもらい、ウエディングパークへの思いや果たせる役割について知ってもらえたらと思っていました。


そうなってくると、お客さまの印象も変わってくるのです。

「ウエディングパークか、頑張っているみたいだから、応援するよ」

こうしてお客さまが次々に広がっていきました。結婚式場というのは面白いもので、「あそこがやっているなら、うちもやろう」ということで、ある地方で一つ決まると、次々に決まっていくことも少なくありませんでした。


そして地方都市こそ、「社長がわざわざ来てくれた」「東京から来てくれた」という事実は大きな意味を持ちました。それこそ感情の部分で応援をしていただいて、契約数が伸びていったのです。

自ら全国行脚し、インターネット啓蒙を

ただ、契約数の大きな伸びは次第に鈍化していくようになります。僕という人間に興味を持ってもらって契約いただくことも大変ありがたいことでしたが、それを一件一件、続けていくことには限界があることも感じていました。

たくさんの結婚式場と話をさせてもらって分かったことは、先にも書きましたが、まだまだインターネットがきちんと浸透していない、ということでした。インターネットの何たるか、ということがしっかりと理解されていなかったのです。

僕がそういう話をしようとすると、「いや、新しいものなんて関係ないんだ」と聞く耳を持ってもらえないこともありました。

結婚式場は、全国展開しているような会社は多くはありません。ほとんどが地元で小さな商圏をマーケットに展開している中小企業です。昔からこうやってきたんだ、これを続けていればいいんだ、と語られることも少なくありませんでした。

また、新しい技術としてのインターネットを積極的に集客に取り入れていこう、という先進的な考えを持っている人も、当時はまだまだ少なかった。実際には、当時さまざまな業界がそう

だった、ということも言えるわけですが。

いずれにしても、インターネットで世の中がこんなふうに変わっている。インターネットはこう変えていく、という全体感を理解してもらっていないことそのものが、ウエディングパークのビジネスとして大きな障害になっていくであろうと僕は思いました。

それを個別にすべて伝えていくことは、とてもできそうもない。そこで僕は、業界へのインターネット啓蒙活動に取り組むことにしたのです。

ウエディング業界には、大きな業界団体が一つあります。それが、公益社団法人日本ブライダル文化振興協会（ＢＩＡ）です。そしてもう一つ、ウエディングには特化していませんが、ホテルのバンケットマネージャーを中心とした全国宴会支配人協議会（ＢＭＣ）があることも知りました。

こうした団体の公的な場でインターネットについて語らせていただく機会をもらうことになりました。そのきっかけをつくってくださったのが、藤田社長と親しいウエディング業界の経営者でした。

ＢＩＡの理事長を紹介してもらい、僕は毎月のように通って、インターネットが何をもたらすか、という話をさせてもらったのでした。そうすると、ぜひ勉強会を一度やってみてほしい、ＢＩＡの会合がある月に場を用意してあげるから、と言ってもらえたのです。

結婚式場やホテルの経営者や支配人が来る場でした。これは、願ったり叶ったりということで、インターネットがもたらすものについて、僕はプレゼンテーションをさせてもらったのでした。ただ、ウエディングパークについては、触れませんでした。僕がしたかったのは単なる営業ではなく、インターネットの可能性を感じていただくことだったからです。

東京での勉強会で好評をいただくと、「今度は東北でやってもらおうか」「関西にも来てもらおうか」という話にもつながっていきました。こうして1年、2年、3年と地道にお付き合いを大事にしていると、顔を覚えてもらえるようになりました。

ＢＩＡの講師という肩書きをいただいて、それこそ地道な全国行脚をする日々でした。これによってすぐに有料契約がいただけるほど、甘くはありませんでしたが、インターネットの啓蒙は漢方薬のようにじわじわ効いていき、少しずつではありましたが、時間をかけて、ご契約くださるお客さまも増えていきました。

契約いただいた結婚式場向け勉強会は200回以上に

一方で、有料契約をしてくださったお客さまからは、「もっとインターネットについて詳しく知りたい」という声が上がるようになっていきました。

そこでエリアごとに開催するようになったのが、契約いただいたお客さま向けの勉強会でした。これが面白いことに、そういう勉強会をやっているらしいという噂を聞きつけて、まだ有料契約いただいていない結婚式場から参加してもらうこともありました。

後にこの会は、インターネットの話のみならず、顧客満足向上（CS）のために、結婚準備中のユーザー動向や最新のネットトレンドなどの内容で結婚式場向けに定期的に行われる「CS勉強会」へと結実していくことになります。

どんなテキストを入れれば、より多くのユーザーに公式ホームページへ訪れてもらえるか。どんな写真がより魅力的に映るのか。ウエディングパークをどう有効活用するか、といった情報を提供する無料セミナーで、全国で200回以上開催しました。

この勉強会の場にやってくるのは、式場やホテルの現場の方々でした。集客の担当者だったり、ウエディングプランナーだったり。

実は、ウエディングプランナーの皆さんは、会社を越えて意外に仲が良かったりします。エリア内で交流の場をもっていたりする。経営層やマネジメント層はライバルですから競争心も強いのですが、ウエディングプランナーの皆さんは、一緒に勉強したり、視察に行ったり、といった交流があったのです。

また、ＢＩＡはウエディングプランナー向けの講座を運営していました。プランナーの技能を向上させて、日本のウエディングをより良くしていく、ということがその目的でした。

その勉強会の講座でも、ウエディングプランナーのつながりが生まれていました。そうした中で、お互い切磋琢磨していくような空気が生まれていたのです。僕は後に、ＢＩＡでのプランナーの卵向けのインターネット担当講師も務めさせてもらうことになります。

全国のさまざまなエリアで、ウエディングパークとして、ウエディングプランナーを招いて、無料のインターネット勉強会をしていく。ウエディングプランナーの輪から、ウエディングパークに興味を持ってもらえる機会を増やしていく。そんな活動でした。

先の経営者向けの勉強会でもそうでしたが、本当に地道な活動をずっと繰り返し行っていきました。社内では「信頼残高」と呼んでいましたが、いろいろな場で信頼を勝ち取っていくことが何より大事だ、と僕は繰り返しメッセージしていました。

信頼は貯金と同じで貯まっていきます。その残高を積み上げていくには、地道な活動は遠回りのように思えて、実は近道なのです。コツコツとした地道な信頼づくり以外に、実は「信頼残高」を高めることは極めて難しいのです。

もとより、僕自身がそうした地道な営業活動が好きだった、ということもあると思います。僕の強みが、こうしたやり方でこそ活かせる、という思いもありました。ただ実際に、経営者向けしかり、ウエディングプランナー向けしかり、こうした地道な活動が、クライアントとの関係づくりにおいて、かなり強固な信頼を生んだことは間違いないと思っています。

2005年あたりからは、新聞をはじめ、さまざまなメディアでブログやSNSについての情報が次々に出始めました。インターネット上のクチコミというものについて、少しずつ理解が深まっていった時期です。ウエディングパークでは、広告契約の有無に関わらず、ユーザーがクチコミを投稿することができます。一方で、未契約だと、より詳しい情報が見られないため、大きな機会損失になります。

しかも、インターネットは即時性が重要です。クチコミを見て動機が高まったとき、ユーザーはすぐにもっと詳しく見たい。

せっかく気になる結婚式場が見つかったのに、クリックできるリンクがない。写真がない。これがどれだけの機会損失になるか。当時は、そんな話もよくしていました。後にスマートフォンが出たことで、この即時性はお客さま自身が納得されるようになります。

そして、こうした無料勉強会の延長上にあったのが、ホームページ制作の支援でした。カップルがウエディングパークである式場を知り、クリックしてホームページに飛んだらがっかりしてしまった、という声が寄せられることがあったからです。

何年もホームページが更新されていなかったり、画像が古かったり、という式場もあった。そこで、ウエディングパークに出稿いただければ、公式ホームページを無料でつくるツールを提供します、というサービスを始めたのでした。

名称は「スマつく（後に「ウェブつく」に変更）」。これで簡単に今どきのスタイリッシュなホームページがつくれる、という機能です。これが、とても好評をいただくことになりました。

式場のことをよく理解した営業担当が制作をサポートしますし、メンテナンスの費用もかからない。専属のシステム要員もいらないから助かる、と。

一方でウエディングパークは、営業の仕事がどんどんコンサルティング領域に近づいていき、またエンジニアなど新しい人材も必要になっていったのでした。

伸び悩みの要因は、ビジネスモデルにあるのではないか

２００６年3月のＪ１昇格以降、地道な活動を続けていったウエディングパークでしたが、先にも少し触れたように事業としては伸び悩みに直面しました。大きな転機となる２００９年の頭まで、社員はずっと20人ほどでした。それ以上、増やすことができなかった。売り上げがそれほど伸びなかったからです。

ずっと固定した同じようなメンバーのままで、このままズルズルと停滞したまま進んでしまうのか、という状態でした。

原因は次第に見えていきました。Ｊ１に上がって以降、ユーザーを増やすためにＳＥＯ対策にももちろん取り組みましたし、クチコミやいろんなコンテンツを増やしていきました。ユーザーを増やせばクリックも伸び、売り上げも伸びると考えていたのです。

しかし、これは冷静に考えれば当たり前のことなのですが、結婚する組数は右肩上がりに増えているわけではありませんでした。結婚しないカップルも増えていました。

ＳＥＯやリスティング広告などで、ユーザーを増やそうとはしているものの、やはりユーザー数の限界値があると言わざるを得なかったのです。

しかも当時のビジネスモデルでは、クリック数はあまりに多くなると、式場は確保していた予算をオーバーしてしまうようなことにもなりかねませんでした。そこで、月額で上限予算を設定し、一定数になると、クリックを押せないようクリックボタンそのものが消える、という仕組みにしていたのです。

ユーザーにとっては、昨日まであったクリックボタンが、今日なくなったりするわけですから、驚きだったと思います。また、式場の側もせっかくユーザーがホームページに行こうとしたのに、ボタンがなくなっているわけですから大きな機会損失になります。

そして、僕たちにとっても、クリックが行われなくなってしまったわけですから、売り上げを失う。もしかして、得られたかもしれない売り上げを、クリック課金というビジネスモデルによって失ってしまっていたのです。

当時の会社の損益計算書を見ると、この4年に何が起きていたのかが分かります。だんだん売り上げが横ばいになっていったのです。有料契約を増やせばクリックも増える、と営業に力を入れ、4年のうち後半には営業の増員に踏み切りましたが、大きな伸びにはつながりませんでした。やはり構造的な問題があると思わざるを得ませんでした。

かつ、結婚式は季節要因も大きなものがあります。結婚準備をするのはだいたい年末年始や夏休みを使って、親に紹介するところから始まります。

つまり、クリックは集中するのです。クリック課金では、あるときは売り上げは伸びるけれど、あるときは一気に下がる。こんな不安定で、売り上げ予測がつかない状況では、さらに社員を増やして事業を拡大、充実させるという選択もできませんでした。

サイバーエージェントは、J1に上がった基準は当然、維持してほしいというスタンスでしたが、急成長、急拡大がベンチャーの期待されるところでもあり、僕自身も忸怩《じくじ》たる思いがあったのも事実です。

とにかく働き、全国を飛び回っているのに売り上げが伸びない。営業も採用できない。これをいつまでやるのか、という思いが次第に募りました。

サイバーエージェントグループとして見ると低空飛行で、J1昇格後の4年を過ごすことになってしまったのです。

もちろんこの間も、「カイゼン」「一番になる」といったキーワードで社内を活性化したり、社長の僕が積極的に営業やプレゼンテーションに出ていくことで、会社は動いていました。「よく飽きなかったね」と周囲から言われたこともありますが、僕はまったくそんなことはありませんでした。

当時の会社は平均年齢27歳。ベンチャーに来ているくらいですから、社員はみんな血気盛んです。サイバーエージェントグループは、みんな何かで急拡大して勢いがあるわけです。月に一度のグループ会議という事業責任者の集まりに行くと、僕よりも後に入った若手の子会社社長がトレンドに乗って、とんでもない成長を果たしていたりする姿も見聞きする。低空飛行の僕は、極めて居心地が悪かった。僕だけでなく、社員も居心地が良くなかったと思います。

そんな中、行き着いたのが「クリック課金というモデルに原因があるのではないか」という結論でした。

具体的な話が出たのは、2008年に行われたマネージャー以上が集まる合宿。これからのウエディングパークをどうするか、ということについて、サイバーエージェントの新しいウエディングパーク担当役員と一緒に五人で話をしているとき、こんな話が出たのでした。

「クリック課金では、中期計画がなかなか描きにくい」

そこで、「固定料金の検討タイミングかもしれない」と僕が切り出したのでした。担当役員は、僕に判断を任せてくれました。問題はお客さまにクリック課金から月額固定料金になることを、どう説明するか、でした。しかしこれは、マネージャー以上が覚悟を決めれば、乗り越えられるだろうと僕は思いました。

計算を立てたというより、直感でした。今が良いんじゃないか、と。それで、さまざまなシナリオを切り替える準備をしていったのです。

固定料金にするというアイディアは早くからありました。しかし、そのタイミングを決めかねていました。

その時点でも利益は出ていました。サイバーエージェントとしても、それは評価してくれていました。状態が悪いわけではなかった。しかし、このままだと難しい、伸びる見込みがないというのが、僕たちの結論でした。あらゆる手を使って、お客さまを増やそうと頑張っていたけれど、先が見えなかった。

お客さまにどう説明するか、大変なことにはなると思いつつも、「やりましょう」という思いで会議は終わりました。しかし、ビジネスモデルを変えるための最大の難関は、実は思わぬところに潜んでいたのです。

7.

絶体絶命
藤田社長からの「NO」

月額固定料金へのビジネスモデル変更に待ったがかかる

２００４年6月、サイトがオープンしてから5年。サイバーエージェントのＣＡＪＪプログラムではＪ１に昇進できたものの、その後のウエディングパークは伸び悩んでいました。

売り上げが思うように増えない。こうなれば、人材を採用することも難しくなります。そうすると、ますます売り上げを増やせない。多少、利益を落としてでも採用をしたほうが良い、と採用は推し進めましたが、事業の停滞ムードに大きな変化はありませんでした。

その要因は、クリック課金にあるのではないか、というのが、社長の僕や当時のマネージャーの考えでした。広告費がかかり過ぎないよう、一定のクリック数に達したら、クリックボタンが消える仕組みになってしまっていたことも、売り上げ機会を逃すことにつながっていました。

実際、お客さまである結婚式場からは、クリック課金では、どのくらいの広告費がかかってくるのかが読めない。予算を取るためにも、月額の固定料金にしてほしい、という声も一部にありました。また、一定のクリック数、金額に達したらクリックボタンが消えてしまう措置も、消してほしくない、消されたら困る、ということで、翌月分を前倒しして販売をしていくケースもありました。

月末まで翌月分の前倒しで対応します、といったことを、月末が近づくと個々の営業が電話で案内する。結婚式場からすれば、そんな面倒なことをするくらいなら固定にしてもらったほうが分かりやすい、とも言われていたのです。僕たちウエディングパークにしても、月末に近づくにつれて、各結婚式場のホームページに飛ぶことができるクリックボタンがなくなってしまうのは、ユーザーに申し訳ないという気持ちがありました。

事実、月の頭には結婚式場のリストの横にあるクリックボタンは、ずらりと並んでいるのです。ところが、月末が近づくと、上限に達してどんどん減っていってしまう。これ自体、ユーザーにとっては不便だろう、という思いもありました。

そしてもちろん、月額固定にすることで、安定的な売り上げが見込めることになります。クリック課金は、式場側はクリックされた分だけ支払うだけですからリスクは少なく、それだけに有料契約先を拡大させやすいともいえました。

しかし、少子化の中で結婚式を挙げるカップルが減るだけでなく、結婚式を挙げない「ナシ婚」の増加もあって、ウエディング市場は縮小に向かっていました。ウェブサイトのユーザー数が、飛躍的に増えるとは考えられない以上、会社としては今後の新たな投資のためにも、売り上げを安定的に積み上げる手立てを講じる必要があったのです。

そこで決断したのが、クリック課金から月額の固定料金へと、ビジネスモデルそのものを変えていくことでした。さまざまに売り上げのシミュレーションも行い、これならうまくいくのではないか、右肩上がりに伸ばせるのではないか。そんな体感値が、僕たちにはありました。

そして、固定の月額料金へと変えることを決断し、これで新たにやっていこうと思っていた矢先、判断を任せてくれた担当役員からの電話が鳴ったのでした。

ちょうど僕は営業から戻って、駅の改札を出ようとしているときでした。担当役員から電話がかかること自体、かなり珍しいことでした。よほど急ぎなのかと思い、すぐに出たら、こう言われたのでした。

「固定料金への変更に対して、藤田社長が大反対している」

僕は、驚きました。理由が分かりませんでした。

それまで、ウエディングパークの取り組みについて、藤田社長は一切、口を出してきませんでした。任せたら任せきる社長なのです。細かなことを問いただすのではなく、「日紫喜君よく頑張っているね」というスタンスで見てくれていました。ですから、大反対している、と聞いて耳を疑ったのでした。

しかし、担当役員が何を伝えても、まったく収まらないといいます。僕に直接話すと言っている、と。

少し聞けば、こういうことでした。ウエディングパークは、クリック課金だからうまくいっているのだ、と。固定料金というのは、ネット業界のプロからすれば、古いビジネスモデルなのです。クリック課金のほうが、先端のビジネスモデルでした。それでは昔に舞い戻ってしまう、ということです。

しかも、固定料金なら、競合も同じことをやっています。クリック課金だからクライアントからの価値を獲得していたのではないか。この先端のビジネスモデルを着想していたのは藤田社長自身でもあり、その自負は僕が想像していた以上に強く持っていたということが分かったのでした。

クリック課金がうまくいってウエディングパークは伸びたと思っていたのに、それを変えるということ自体、ミスジャッジだ、という話だったのです。

僕としては、まさかの事態でした。2009年の春のことです。まだお客さまには、クリック課金から月額固定料金に変えることは伝えていませんでした。

社長の藤田が大反対している、というまさかの事態

2000年にサイバーエージェントに入社して以降、僕は藤田社長が怒っているところを見たことがありませんでした。温和な社長、というのが、僕の印象でした。ですから、大反対して

いると聞いてもピンと来ませんでした。

30分だけ時間をもらい、藤田社長に会いに行きました。さすがに胸騒ぎがしたので、サイバーエージェントの本社に向かう途中、気持ちを落ち着けようとコーヒーショップに寄り、こういうことを言われるはずだから、こう言おう、とシミュレーションしました。

仮に激怒されても大丈夫なように平静に平静に、と自分に言い聞かせました。そもそも藤田社長には強い信頼がありました。過去には営業同行を何度もしてもらっています。これまでのウエディングパークでの取り組みも見てもらえていると思っていました。


考えてみれば、社長を引き継いでから、ほとんど藤田社長とは顔を合わせていませんでした。ゆっくり話すのは久しぶりでした。秘書を訪ね、藤田社長の部屋に通されました。

決して大きくない社長室は、極めて質素でした。真っ白いテーブルが、どんと置かれ、無駄のない部屋だと思いました。

担当役員が一緒でしたが、表情が緊張していたのを覚えています。担当役員は、僕の代わりにいろいろ説明してくれていました。しかし、それでは話が伝わらなかったのです。

ピリピリとした緊張感が漂う社長室に、ガチャリとドアの音がして藤田社長が入ってきました。一目見て、厳しい表情だと気づきました。声を荒げたりすることはありませんでしたが、静かな炎を感じました。

これは何かが起きるぞ、と僕は思わざるを得ませんでした。結論が早い社長です。スパッと話が来ました。

「ダメだと思うよ。クリックだからうまくいってるんだから」

諭すように言われました。しかし、僕もそのまま引き下がるわけにはいきませんでした。資料を2枚だけ用意していました。ほとんど見ないことも分かっていましたが、できる限りのことをしようと思っていたのです。

「社長の意見は分かりました」

そして、こう続けました。

「ただ、固定料金について、改めて説明させてください」

2枚の資料を広げ、1分くらいだったと思いますが、意図を伝えました。藤田社長には、辛抱強く聞いてもらえました。用意していたのは、売り上げなどではなく、ポジショニングマップでした。

月額固定料金にはなるけれど、結婚式場のホームページに誘導する、というモデル自体は変えていない。僕はここがポイントだと思っていました。藤田社長が言っていたホームページに誘導するというモデルを変えるのではなく、料金体系を変えるという話なのです。

何が変わって、何が変わらないのか。ウエディングパークとしての強みがなくなるのか、なくならないのか。藤田社長が資料は好きではないので、パッと見て分かるポジショニングマップを用意したのです。

今はここにいますが、ここに行きたいのだということ。営業現場を知っている僕たちとして、料金は変えられるという判断をしたのだということ。一生懸命、説明はしましたが、受け入れられている感触はありませんでした。

藤田社長の結論はもう出ていたのです。うまくいかない。これでは失敗する、と。社長の判断でした。

ただ、固定料金に変えることは、僕も社長として決断したことでした。それで未来を描こう、と自分の心は決まっていたのです。最初は謙虚に藤田社長の意見を聞きながら、と思っていましたが、そのうち僕も熱くなり、口答えをしました。

「現場を見ている僕の立場での意見では、こちらのほうが信じられると思います」

約1時間の議論は平行線のまま。そして藤田社長の放った一言

藤田社長と僕は、同じ言葉を繰り返すだけになっていきました。空気はどんどん重苦しくなっていきます。

30分が経過し、秘書が藤田社長にメモを入れました。次のミーティングが入っているのです。さすがに藤田社長もこのままでは終われないと思ったのか、「ちょっと後からにしといて」と秘書に伝えました。

そしてまた30分。同じことの繰り返しでした。ときどき沈黙する。しかし、お互いにまったく譲らない。

僕は、何かの計算があったわけではまったくありませんでした。そんな余裕はありません。よくよく考えてみれば、子会社の社長が親会社の社長に楯突いていること自体、あり得ないことです。

しかし、僕は折れることができませんでした。社長として決断したことです。ぶれたくはありませんでした。現場感では、必ずいけるはずだ、という思いがありました。結果として、サイバーエージェントにも利益になると考えていました。それが信念になっていました。

僕に任されている以上は、僕が信じていることをやらなければ絶対に続けられないと思いました。自分の心を裏切ることはできないのです。クチコミを使ったビジネスをするときにも、絶対に自分を裏切ってはいけない、自分が信じられるものをやるんだという思いを貫いてきたのです。

こうした一貫性があったからこそ、社員もついてきてくれたのだと思いました。だからこそ、社長としての僕に迫力が出るのだと思いました。日紫喜は一度、言ったらぶれない社長だ、と。

それこそ新米社長の頃は、まだまだ社長という肩書きで踊っていたと思います。しかし5年間、クチコミとも向き合い、お客さまとも向き合い、業界へも働きかけて、苦労して時間をかけながらも社長として自分の考え、自分の行動に責任を持とうと思ってきました。

いつかサイバーエージェントに戻ろう、などということもまったく思わなくなっていました。片道切符のつもりで、とにかくウエディングパークを良くしていこう、ユーザーやお客さまの役に立とう、業界を良くしていこうと純粋に思っていたのです。

だから、決断の覚悟はきちんと伝えなければいけないと思いました。良く言えば信念、悪く言えば頑固だったといえますが、藤田社長との会話の中で、これは自分への覚悟表明にもなるから絶対に譲ってはいけないということが、自分なりに分かっていたのです。

自分が信じることができるか、真実の言葉を語れているか。それこそが、社長として大事なのだと思っていました。

延長してもらった30分も、ずっと平行線のまま。話も盛り上がらず、やがて秘書がまたメモを持って入ってきました。もうこれ以上、遅れることはできない。秘書が藤田社長を引っ張り出そうとしたとき、藤田社長が一言、こう言ったのでした。

「失敗すると思うけど、日紫喜君が決めていいよ」

散々話して、結局、何も着地点が見えない状況で、藤田社長は最後に僕に決断を譲ってくれたのでした。そして、静かに去っていきました。

お互いの確認はしていないのです。でも、日紫喜が決めていいよ、と。僕は改めて、藤田社長の経営者としての凄みを感じていました。

最後はいろいろ聞いたけど、やっぱりこれで行ってくれ、決定だから、という言葉を発せられていたら、僕は引くしかありませんでした。グループ会社であり、その親会社の社長の決定なのです。

しかし、この1時間の平行線の話の中でも、藤田社長はそうは言いませんでした。「俺が決めたから」とは一言も言わなかった。こうなると思う、でも最後はお前が決めろ、と言ってくれた。最後の最後まで、僕の話に納得したわけではないのに、です。

正直、僕はまさかそういう言葉が出てくるとは思っていませんでした。改めて、藤田社長を経営者として尊敬しました。自分で決めれば良い、という言葉に驚きました。

そして僕は自分がしたことの重大さに次第に気づいていきました。考えてみれば、子会社の社長である僕のわがままなのです。しかも、何の保証もない。それを最後はお前が決めて良い、と言ってもらえた。


とんでもないことが決まってしまった、と思いました。もちろん覚悟はしていましたが、改めて強い覚悟を持たないといけない、と思いました。

もちろん、サイバーエージェントグループの業績全体への影響が軽微だったこともあったかもしれません。その影響範囲を見れば、仮に失敗をしても、ということもあったかもしれません。

ただ、もともと藤田社長は人の育成にはとてもこだわってきました。自分が信じたメンバーを育成していこうという強い意欲を持ってきた。そして育成するコツは、やはり任せきることだ、とはよく言っていたことでした。

そうやって、自分の言ってきたことと、やることを自然に一致させたのです。あとはお前の仕事だから、と。

こうなれば任せきられた側は、意気に感じるのは言うまでもありません。「やらなければ」という気持ちは、直後からふつふつと沸き上がっていきました。

藤田社長との約1時間の議論を終え、担当役員と一緒に社長室を出て、聞かれました。

「日紫喜君、本当に固定料金をやる？」

「やります」

藤田社長の前で、あれだけの啖呵《たんか》も切っていました。任せてもらえたと捉えていました。

担当役員からはこう言われ、背中を押していただきました。

「応援するよ。あとは思い切ってやろう」

振り返ってみれば、担当役員、そして藤田社長からこんなふうにして社長として育ててもらったのだな、と思います。そして、自分が社長として一皮むけたのは、おそらくこのときだったと思います。

肩書きだけで社長になるのは簡単です。しかし、親会社の社長と真剣に議論を戦わせることで、僕はようやく名実ともに社長になれた気がしました。そのための貴重な成長の機会をもらえたのです。振り返れば、感謝の思いしかありません。

ケンカ別れから、ようやく会ったのは2年後だった

この件について、先に後日談を書いておきたいと思います。ある意味で、ケンカ別れとなったしまったわけですが、藤田社長にはこの後、２年ほど会う機会がありませんでした。

ウエディングパークは２００９年にクリック課金から月額固定料金に変えることを決断し、２０１０年４月から新料金体系に移行しました。

クリック課金から月額固定料金に移行すると、広告費が大きく跳ね上がるお客さまもおられ、営業現場からは心配の声も上がったのですが、蓋を開けてみると9割近いお客さまからご了承いただくことができたのでした。

それが確認できたのが、２００９年末。翌年春からは年間契約月額固定になったので、この時点で1年間の売り上げが見えることになりました。９割の継続に成功することで、売り上げの厚みも出すことができたのです。

そして問題は、こうして移行をご了承くださったお客さまが、さらに次年度、２０１１年の契約をしてくださるか、でした。それが２０１０年の年末に分かることになりました。月額固定料金を来年もやっていただけそうか、ということです。

ここでリピートをもらうことができれば、本格的にウエディングパークの収益が変わった、といえるのではないかと思っていました。そしてその手応えを、僕はこのときつかむことができたのでした。

後に、この月額固定料金への切り替えが功を奏したことが分かります。売り上げが読めるようになったことで、人員を拡大することができました。結果的に売り上げの伸びが加速し始めたのです。

利益が生まれれば、新しいことへの投資もできるようになります。コンテンツ充実のための施策やエンジニアの採用、システム投資、さらには新規事業はじめ、ウエディングパークは新しいステージに踏み出すことになります。

このときは、その萌芽が見え始めていた頃。ただ、僕は藤田社長に会うこともなく、僕が呼ばれることもなく、「日紫喜君が決めていいよ」と言われるままに固定料金に移行していたのでした。2年経ち、おおむね成功しそうだということになって、僕は藤田社長に会う機会をもらったのです。

2010年、サイバーエージェントの担当役員が変わりました。たまたま僕と年齢が近いということもあり、とても気に掛けてくれて、ざっくばらんにこんな話をしてくれたのです。

「日紫喜君さ、藤田社長と会ってないでしょ。そろそろ会ったほうがいいんじゃない？」

ちょうどこの頃、ＣＡＪＪプログラムがまた変わって、ウエディングパークは一つ昇格していました。そのお祝い会を開いて藤田社長も呼ぼうよ、と言ってもらったのです。子会社の昇格祝いということになれば、社長にも来てくださいよと誘いやすいから、と。


実際に藤田社長は、お祝いだからということで、来てくれることになりました。僕は激論した後、会っていません。どんな顔をして会えばいいのか、分かりませんでした。

しかし、会場となった六本木の中華料理店には、「お！」とばかりに、まったくいつも通りの藤田社長がやってきました。

「日紫喜君、頑張っているみたいだね」

「はい、頑張ってます」

そんなふうに始まったお祝い会は、担当役員が見事に取り持ってくれて、お酒も手伝って、柔らかな話で場が大いに盛り上がったのでした。

楽しかった会の最後、僕のところに運ばれてきたのは、紹興酒の小さな甕でした。これをお祝いで割る風習があるということで、サプライズで藤田社長が用意してくれていたのでした。

「日紫喜君、割っていいよ」

そう藤田社長に言われて、僕は甕を割らせてもらいました。そこから、「そういえばいろいろありましたね」という会話になりました。そうすると、藤田社長がこう言ったのです。

「いろいろあったけど、現場が一番詳しい、ということだよね」

その一言で、僕は本当に救われた気がしました。藤田社長としても正直、内心は感じていたこともあったと思います。しかし、そんな素振りはまったく見せなかったのです。

藤田社長はウエディングパークという会社の現場を一番見ていた人間が正しい決断をしたのだ、と捉えていた。そしてこういうことを、きちんと口に出していえる経営者としての凄さを、改めて僕は感じていました。僕はこう返すのが、精一杯でした。

「いえいえ、とんでもないです。まだまだなので、これからも頑張ります」

妙なわだかまりを僕に感じさせないよう、とても気を遣ってもらっていたことが分かりました。僕自身、もちろんずっとあの激論は気になっていたことでしたので、ここでようやく気持ちが救われたのでした。

この場を設定してくれた、担当役員にも心から感謝しています。

8.

信念を貫き通して見えた突破口

マネージャーたちからの「やっぱり元に戻しましょう」の衝撃

少し時計の針を進めてしまいましたが、また元に戻します。というのも、親会社の社長である藤田社長に対して啖呵を切った僕でしたが、その後、またしても思わぬ事態に見舞われることになったからです。これは、社長としての力不足だったと言わざるを得ません。

クリック課金から月額固定料金への移行では、先にも書いた通り、お客さまからきちんと納得してもらえるか、移行に頷いてもらえるか、ということが、大きな課題になることが分かっていました。お客さまによっては、クリック課金の何倍もの広告費になるケースもあった。本当にそれを承認してもらえるのか、と。

一つ僕が幸運だったのは、前年に新しい営業担当者を採用していたことです。彼らには、過去のしがらみがそれほどありませんでした。クリック課金によって成功体験をつくってきたわけではなかっただけに、月額固定料金への移行も固定観念なく、素直に受け入れてくれていたのでした。

僕自身、いくつかのお客さまを直接訪問して、僕自ら料金の移行について率直に話をし始めるのですが、「これは大丈夫そうだ」という手応えを感じていました。また、隣で一緒に聞いていた、そうした若い営業担当たちも、手応えをつかんでいたようでした。

これでやるんだ、という僕の覚悟と、これでいけそうだという手応えもあり、自信を持ってやっていこう、と社内を盛り上げていきました。実のところ、もう選択肢は他になかったのです。だから、やるしかなかった。


ところが、予想外のことが起きてしまいました。これは、社長の僕の脇が甘かった、と言わざるを得ないと思います。合宿を開いたとき、固定料金にして頑張っていこう、とみんなで決めたマネージャーたちが、ここにきて不安になってきていたのです。

僕にすれば、この期に及んで何を、という思いでしたが、親会社の藤田社長の反対を押し切ったことも心配したのかもしれません。また、移行に手応えがあるといっても、最後は蓋を開けてみないと分からない、とマネージャーたちは部下から聞いていたのかもしれません。

僕の知らないところで、マネージャーたちが集まり、みんなで不安がっていたのです。そしてあるとき、「日紫喜さん、ちょっといいですか」と僕は呼び出されました。

大層な資料を用意して、こんなことを言われました。

「日紫喜さん、このままいってしまうと、これだけの赤字が出ると思います」

赤字になる事業計画を持ってきたのです。ただ、僕がすぐに感じたのは、彼らはまったくお客さまのところに行っていなかったことでした。料金の移行について、お客さまの反応を見ていなかった。むしろ、僕のほうが行っていました。その上で、手応えがある、と僕は思っていたのです。

ただ、会社の幹部という本丸を固められていなかったことに、僕は改めて気づかされました。まさかそこは揺るがないだろうと思っていたところが、揺らいでしまった。いろんな不安が一気に広がり、マネージャーたちが緊張してしまったのだと思います。

「やっぱりこれは戻したほうがいいと思います。クリック課金に戻しましょう。それとも、クリック課金か、固定料金か、どちらかを選べるようにしたらどうでしょうか。そのほうが、安全です」

僕は唖然としていました。選ばせたら、みんなクリックを選ぶに決まっています。なぜなら、変えないほうがラクだからです。そんなことも分からないのか、と僕はショックでした。提案は、冷たくあしらいました。こんなことをコソコソやっていたのか、と半分呆れ、半分叱りました。

しかし、口論している場合ではありませんでした。大丈夫だから、こんなものは準備する必要はない、と突っぱね、僕は会議室を出ていきました。

しかし、それでも収まらなかった。その後もマネージャーが「やっぱりまずいんじゃないか」と陰で話し合っていることが分かったのです。これでは、メンバーたちも、どっちが正しいか不安になってしまいます。僕は、ここで行動を起こさねば、と思いました。

会社でも、僕を除いたトップ、役員の一人に厳しく伝えなければいけないと思いました。役員なのに、社長と同じ方向を向かずに、周囲が不安になる動きをしている状況を見過ごすわけにはいきません。


あるとき、僕はその役員を社長室に呼びました。社長室といっても、小さな部屋です。しかし、それも分かった上で、厳しく注意しました。

この一件が、サイバーエージェントの担当役員にも伝わり、今度は僕が厳しく注意されました。「こんな大事なときに何をやっているのか」と。

「ウエディングパークは大丈夫か」と心配されてしまいました。J1に上がるときにも、役員が辞めたり、社員が半分辞めたりしていました。結果も出さなければいけませんが、組織をまとめられていないのでは、社長として大丈夫なのか、と。

やはり大事なことは、ピンチのときに団結できるか、ということです。それは、思った以上に難しかった。マネージャーたちにも、月額固定料金への移行の意味は、ずっと語り続けていたのです。だから、分かっている、伝わっているとばかり思っていました。

しかし、僕の実績のなさもあったと思いますが、不安にさせてしまった。マネージャー陣は、一枚岩にならないといけない、とサイバーエージェント人事の役員にも入ってもらい、状況をサポートしていただきました。

もう一度、改めて固定料金の意味をマネージャーたちと話し合い、意識を統一するために、僕は頭を下げました。僕も悪かった、信じられるような伝え方ができていなかった、もう一回団結してやっていこう、と言いました。

藤田社長には反発し、社内で一番頼りにしたかったマネージャーたちからも予想外の対応をされ、担当役員にもがっかりされ、何を信じていいのか、分からなくなりかけた中で、僕を支えたのは、この目で営業現場を見てきたことでした。

このモデル自体は間違っていないという確信に近い感覚がありました。また、その動機は不純なものではない、という思いもありました。至らなかったことは、すべて飲み込んで、結果を出してみんなを納得させよう、と、走り出すことにしました。

意思を貫徹し、決めたことをぶれずにやる、ということの大切さを改めてこのときに思いました。走り始めて結果が出始めると、不安がっていたメンバーからも「よかったですね」という声が上がり始めました。

いろいろあったけど、また団結していこう、というコミュニケーションを続けながら、組織は次第に一つに固まっていくことができました。そして月額固定料金によって少しお客さまが減ってしまったものの、ここから一気呵成に攻めようと人員も拡大し、２０１４年に有料契約式場数で日本一を獲得することにつながっていくのです。

だからこそ、冒頭でご紹介した10周年のパーティは、僕自身、感慨がひとしおだったのでした。僕を信じ、ついてきてくれたメンバーたちと、一つの結果を出せ、お祝いができたこと、いい組織カルチャーを持つ会社にできたことは、本当にうれしかったのです。

2カ月に100件のアポイントで自らモデル転換を説明

クリック課金から月額固定料金への移行は、先にも書いたように結婚式場によっては、広告費が大きく上がる可能性がありました。そこで、特に値上げ幅が大きくなる可能性がある首都圏のお客さまを中心に、社長の僕自身がきちんと説明に上がらなければいけないと考えました。

僕はまず２００９年の８月から９月までの２カ月で、１００件のお客さまを訪問することを決めました。社長の僕が訪問することで、ウエディングパークが本気でやろうとしているという意気込みをお伝えしていきたかったのです。

クリックボタンが月の途中で消えてしまうことで、ユーザー集客の機会ロスを生んでしまっていることや、会社としての収益力をアップさせていくことでユーザー全体の集客力を上げていきたいこと、またメディアとして新しい取り組みをしていくためのさらなる投資を行っていきたいことなどを伝えていきました。

それにしても、真夏の中、2カ月で100件のスケジュールを組むというのは大変なことでした。一都三県といえども、結婚式場は駅前にはほとんどなく、離れた場所にあることが多く、各営業担当にアポイントを取ってもらい、分刻みのような慌ただしさで回って行ったことを覚えています。

僕たちにお客さまから期待されていたのは、ユーザーの数が増えることであり、ユーザーの質が高まることでした。お客さまからすれば、見込みのないユーザーが来館されることは生産性の低下につながります。

来館されたカップルに対し、ウエディングプランナーの接客は2時間ほどになることもよくあります。どう考えてもニーズがマッチしない人に接客をしていては、結婚式場側のロスが大きくなってしまいます。

ですから、その結婚式場に動機を高めた質の高いユーザーを誘導することが、お客さまから求められていることでした。そのマッチングをいかにしていくか。ユーザーと式場とのベストマッチングをするための、さまざまな取り組みがもっともっと必要でした。そのための投資に結びつけていきたいと考えていたのです。

後にそれは、現在のビッグデータを使った取り組みにつながっていくことになります。当時はそうした技術はまだありませんでしたが、式場の画像を、よりユーザーの決め手になるようにするなど、さまざまなサービス開発を推し進めていきました。

100件はまず僕自身が訪問し、大きな手応えをつかみ、結果的に9割のお客さまが月額固定料金に移行してくださったわけですが、背景にあったのは、まだまだネット広告は単価が安かった、ということです。

紙メディアやテレビCMに比べれば、インターネット広告単価は極めて小さく、それこそこれなら現場の支配人クラスで決裁できる金額だ、と評していただけたのでした。加えて、競合する媒体がまだなかった、ということも含めて、期待したい、という声もたくさんいただきました。

どうして固定料金に納得いただけたのか。その一つの理由としては、全国一律の価格にしなかったことだと思います。それこそビジネスとして、一気に売り上げを増やそうとすると全国一律料金という選択肢もありました。

しかし、僕たちは過去のクリック数のデータを持っていました。全国一律で同じようにクリックされるわけではないのです。それは当然で、エリアによって婚姻組数が異なるからです。例えば、僕の故郷の岐阜県なら、だいたい毎月これくらいのクリックがある、というアベレージを出すことができました。そこから1クリックあたりの広告単価を出すことができた。そうやって、エリアごとに異なる月額固定料金を算出していったのです。

固定化してもある程度のアベレージのクリック数は想定されましたので、お客さまにも納得いただける固定料金が出せると考えました。

加えてサイバーエージェントで培った、インターネット広告の相場観を僕たちは持っています。この金額なら、決して高くないという金額を導き出していったのでした。

ですから、僕、あるいは営業担当が式場に説明するときには、こう伝えていました。

「基本的には婚姻組数を加味しています。かつ過去の何年間かのクリック数の実績から単価を割り出し、インターネット広告の相場観と照らし合わせて料金を算出しています」

そして固定化すれば、クリックボタンが途中で消えてしまうというデメリットもなくすことができます。ユーザーはタイムリーに問い合わせができるようになる。ユーザーのベネフィットにもつながっていく。そんな話も伝えていきました。

エリアによって値段を変える、というのは、当時のインターネット広告ではなかったと思います。クリック課金から月額固定料金にすることになったとき、価格設定は極めて重要だと僕は思いました。

それこそ多くの経営者の本に「値付けこそ経営だ」と書かれていました。それは僕も肌で感じていたので、価格は自分が決める、と現場にも宣言していました。

ヒントになったのは、当時マクドナルドがエリア価格を導入していたことです。それは、納得感がある戦略だと思いました。ウエディング業界に過去あったかどうか、といったことではなく、エリア価格のほうが合理的だし、現場の営業担当も説得力を持てると思いました。

そしてこれは少し先の話になりますが、このときに式場向けのサービス名称を変更しました。もともとは、クリックでホームページに飛べる、このメインの商品のことを2004年から「ウエディングクリック」と呼んでいました。

そして固定料金に変えた当時、iPhoneが世の中に出てきて大ブームになった時でした。iPhoneは2・0、3・0と少しずつ改良され、バージョンアップされていきます。同じように「ウエディングクリック」も今後バージョンアップすることをイメージしていたこともあり、「ウエディングクリック3・0」というネーミングに変更し、4・0、5・0とアップしていくことにしました。「iPhoneのように画期的なサービスとして進化していきます」とよく説明していました。時代が変わり、メディアも変わらないといけない、という話は、お客さまには納得感を持って、受け止めていただいています。そして、バージョンが進化するわけですから、それに伴って料金も変動することになります。

実は月額固定料金に変わるとき、「ウエディングパークは応援したいけど、広告費が上がってしまうのなら……」と取引がなくなってしまうケースもありました。しかし、後に僕たちのメディア力も上がり、数年後に「やはりお願いしたい」と戻ってこられました。

ところが、このときの価格は、月額固定料金になったばかりのときよりも上がっていたのです。それでも戻ってきていただけたというのは、本当にありがたく、そしてウエディングパークの成長、存在感の高まりを実感することができた出来事でした。

次なる転機、ワーディングが会社を変えていく、という気づき

そして2010年は、ウエディングパークにとってもう一つ、大きな転機となった年でもありました。J1に上がるときも、また月額固定料金に変えようとしたときも、苦しいときにこそ団結できる組織力が求められることを、僕は痛感していました。そこで取り組んだのが、ビジョ

ンと経営理念を確立させていくことでした。

もちろん、ウエディングパークには、創業期からビジョンがありました。２００４年に「日紫喜君、頼むよ」と藤田社長から抜擢を受けたとき、藤田社長と僕、創業者の二人の役員の四人で、「ビジョンはあったほうがいい」という話をしていたのです。

そのときに決めたビジョンが、これでした。

「幸せな人たちをもっと幸せに。ブライダル業界をもっと元気に。そして日本を元気に」

ウエディング業界、そしてウエディングというシーンで多くの人に幸せになってほしい、というのは、僕も心から思っていることでした。少し長いですが、これをビジョンにしようということで、決めたのでした。

しかし、このビジョンがどこまで組織に浸透し、ビジョンとしての強さを発揮したのか、という点では懐疑的だと言わざるを得ませんでした。Ｊ１に上がるとき、苦しいときにこれを本気で目指そう、という組織にはなっていなかった。実際、崩壊してしまったのです。

そこでＪ１に上がった後、ビジョンをもう一度考えよう、という取り組みを進めました、サイバーエージェント時代、親しくさせていただいた有名なコピーライターの方に相談をして、みんながワクワクするようなビジョンをつくることを考えました。

というのも、最初のビジョンは、当時の女性社員が、ビジョンについて話した後に「こういうものがいいのでは」と書いてくれたものがそのまま採用された、という経緯があったからです。

僕はあるコピーライターのところに出向き、こんな事業にしたい、こんな会社にしたいと夢を語りました。そして出てきたのが、この言葉でした。

「結婚を、もっと幸せにしよう。」

やりたいのは、こういうことなのではないか、とご提案いただいたのでした。シンプルだけれど、とても良い言葉だと思いました。当時は社員が10人ちょっとの時代でしたが、社員にも伝え、こんな素晴らしいビジョンのもとで、もう一度、会社を前進させたいと思う、と話しました。

ただ、ビジョンとしては素晴らしい言葉なのですが、社員も巻き込んでつくったほうが自分たちの言葉になっていくだろう、という思いもあり、リーダークラスのメンバーにサブコピーをみんなで決めよう、と伝えました。

そして、リーダーで会議をして、いろんな考えをみんなに出してもらい、そこに僕が言葉を付け足して、このビジョンのもとにこんな言葉を置くことにしました。

「結婚に関わるすべての人が最高に幸せを感じる瞬間を作るために新しい価値を提供する」

ちょっと長いのですが、「みんなの言葉一つひとつが入っているからこれでいくよ」とサブタイトルにしたのでした。頑張って、こういう会社をつくっていこう、と。絵に描いた餅にならないためにも、自分たちで決めるというプロセスが大事になると、僕は思っていました。

そのビジョンを掲げながらも、2010年、月額固定料金にするときに、また組織が揺らいでしまった。折しもこのとき、先にも少し触れましたが、サイバーエージェントの担当役員が替わります。

月額固定料金がなんとかうまくいけそうだ、という手応えを感じていたタイミングでの役員会議で、その役員にこんな話をズバッとされたのです。

「ウエディングパークをスケールさせたいのであれば、ワーディングを意識したほうが良い。大きくなりたいなら、そういう言葉の使い方をするべき。言葉の力が活かしきれていない」

どうしてサイバーエージェントが成長できたか。その一つの要因はワーディングの強さにあった、と教わりました。藤田社長のメッセージ性も含め、それをきちんと標語にし、行動規範に落とし込む。そしてビジョンも、時代とともに変わっていきました。

「21世紀を代表する会社を創る」

このサイバーエージェントのビジョンは、創業当時からあったわけではありません。僕が入社した2000年は違うビジョンになっていました。当時、藤田社長は入社してくる社員がどんどん辞めていってしまうことに頭を悩ませていました。長く働ける人を奨励する会社にしたい、という思いが募っていく中で、役員合宿でこのビジョンが生まれたと聞きました。そしてここから、サイバーエージェントはまた変化していくのです。

担当役員からは、言葉の力を侮ってはいけない、とアドバイスを受けました。そこまではっきり言われたのは、初めてのことでした。僕なりに一生懸命、愚直に努力してきたつもりでしたが、悪く言えば頑固でした。自分が決めたことはいいと思いたい、という気持ちも強かった。

これから月額固定料金に変わって事業はうまくいきそうだけれど、自分自身も変えていかないといけない、と改めて思いました。ワーディングは、そのきっかけにできると考えたのです。

新卒採用を決断して気づいた「このビジョンでワクワクするか？」

ワーディングがいかに大事か、という話に、僕は衝撃を受けていました。そんな折、再びサイバーエージェントの担当役員と話をする機会がありました。

このときは懇親を深める意味合いも含め、僕の大好きなすき焼きを食べようと考えたのでした。

お酒も少しいただきながら、ウエディングパークをこれからどうやって大きくしていくか、という話になったとき、僕はかねてから考えていた相談をしたのでした。それは、新卒社員の採用でした。

固定料金になり、いよいよ継続性も見えてきた。会社のカルチャーを強くしていくには、ビジョンに向かって素直にポジティブに向かってくれる新卒社員を採用したいと考えたのです。

サイバーエージェント時代にも痛烈に感じていたのは、新卒社員の存在の大きさでした。彼らがいるだけ会社が明るくなる。元気になる。先輩たちも変わる。ウエディングパークでも、ぜひ新卒採用にトライしたい、と。

担当役員からは「いいんじゃないかな。応援するよ」というお墨付きをもらいました。この会を持ったのは、2010年の年末でしたが、せっかく採用するなら、いっそのこと来年から採用してしまったら、ということになりました。

2012年の4月入社の新卒の採用活動としては、2011年からの活動はすでに遅かった。それをわかった上で、第一期生の募集を始めることにしました。

翌日、ウエディングパークの役員と二人で「新卒採用で、いよいよウエディングパークも次のフェーズに行くね」などと話しました。そして、どちらが言い出したか、ちょっと忘れてしまったのですが、ふと「ビジョンはこれで良かったかな?」という話になったのです。

果たして今のビジョンで、新卒社員はワクワクするのか。もちろんみんなで一緒に考え、決めたビジョンでしたし、そこにウソはない。しかし、本当にこのビジョンで新卒の採用ができるのか、と感じたのです。

会社のビジョンを変えるというのは、大変なことです。軽はずみにはできないと考える自分がいました。しかし、その一方で、変えるべきなのであれば新しく変わったほうがいい、と考える自分もいました。

ワーディングは極めて重要だ、というサイバーエージェントの担当役員の言葉も強烈に心に残っていました。

さて、これで新卒は強く惹かれるか。本当に自分もそう思っているか。冷静に見つめているうちに、気づきました。もしや、「結婚を、もっと幸せにしよう。」は理念なのではないか、と。

大事にしたいし、ウソではない。絶対に信じたいと思っている言葉でしたが、ビジョンというのはやはり目指したい山を表すべきだと思いました。一方で理念は人格のようなもの。こういう考え方からはブレない、という思い。志に近い。

そこで見えてきたのは、理念にこだわるのは構わないけれど、みんなで目指したい山はどこなのだろう、という思いでした。できるだけ素直な自分で見たとき、最もワクワクしているビジョンとは何か、考えてみました。それは、サイバーエージェントのビジョンでした。

「21世紀を代表する会社を創る」

このビジョンはやっぱり言葉として良いな、と強く感じました。この言葉には僕自身にも強い力があったのです。そうすると、ウエディングパークのビジョンも、実はこういうことなんじゃないか、と思いました。

「21世紀を代表するブライダル会社を創る」

この言葉がスーッと降りてきて、これだ、と思ったのでした。サイバーエージェントのビジョンを真似たといえば真似たのですが、それは分かる人が見たら、の話です。それよりも、大事なことは、自分たちとしてどうなのか、です。

僕はこの言葉を白い紙に手書きで書いてみました。分かったことは、これはワクワクするな、という思いでした。

まずは、ウエディングパークの役員に見せました。実はビジョンを変えようと思う。このビジョンでいきたい、と。どういう反応をするかな、と思って見せたとき、こんな言葉が返ってきました。

「こっちのほうがいいですね」

僕はホッとしました。こうして、ビジョンを変え、これまでのビジョンを理念にすることを決めました。これで新卒採用に挑もう、と。

サイバーエージェントの担当役員に報告すると、もう一つアドバイスをもらいました。

「サイバーエージェントは規模を大きくするとき、行動規範をつくったよ」

9つの行動規範「TRUTH」

1. 幸せの追求
2. 世界へ
3. 永遠のフェア
4. 強い翼
5. 見極める力
6. 導く力
7. 憧れになる
8. 絶対に譲らない
9. 日本を、もっと豊かに

理念やビジョンは大きな目標です。それをもっと落とし込んだとき、日々のどんな活動がそれにつながるのか、具体的な行動規範があったほうが、社員にとってはいい、というのです。

そしてこの行動規範は、当時のリーダーたちと一緒につくっていくことにしました。理念とビジョンは僕が決めることになりましたが、行動規範はみんなでつくって、新入社員を迎えられると思ったのです。

せっかくなら会社にとって縁起のよい場所になるといいな、と考えて、会議室ではなく箱根、しかもウエディングパークもお世話になっている湯本富士屋ホテルに集まることにしました。そして、みんなで行動規範のベースとなる言葉を出していきました。

日常的に使われる言葉こそ、行動規範に使うべきだ、というのがサイバーエージェントの担当役員のアドバイスでもありました。箱根の良い空気の中で出てきた有象無象のいろんな言葉を、また先のコピーライターのところに届け、僕の思いも伝えて行動規範にまとめてもらいました。

こうしてできたのが、9つの行動規範「TRUTH」でした。「リーダーたちのおかげでこんなものができた」と社内で発表し、こうしてビジョン、理念、行動規範の3点セットがウエディングパークに整備されたのでした。

9.

起死回生の一手、そして……

社長の時間の使い方を変える。どんどん飲みに行く。育成に関わる

ビジョン、理念、行動規範のセットは、ウエディングパークの転機に大きな意味をもたらしたと思っています。

サイバーエージェント担当役員の「ワーディングの重要性」という言葉に電気が走るような衝撃を受けて取り組んだことでしたが、もしこのセットを意識せずに新卒採用に踏み込んでいたら、有頂天になって「とりあえず元気な学生を入れよう」「ベンチャースピリッツさえあれば」といった採用になってしまったのではないかと思います。

新卒というのは、会社の10年後を背負っていく存在です。育成には手間がかかり、採用することは楽な道ではありませんが、未来のために意味がある。だからこそ、慎重に採用しないといけない。

ビジョンと理念がはっきりとしていたおかげで、こういう人材に来てほしい、ということを明確にできたのでした。僕たちは後にカルチャーマッチという言葉を使うようになりますが、会社が欲しい人材、そして社員たちも求める会社に進むことができたのだと思っています。

実際、1期生9人のうち、事情で1名だけ退職することになりましたが、その他の全員が残っ

ているのです。8年目にして、1期生がこれだけ残っているベンチャー企業というのは、なかなかないのではないかと思います。新卒定着率が高いと、この話を外部メディアで記事にしていただいたこともあります。

それだけ1期生というのは、僕たちにとっても思い入れがありました。メンバーたちも今や中堅になりマネジメントを担うようになり、「こういう会社だから」という話を経営者のように若い社員にしてくれています。

行動規範については、1期生は10月1日の内定式のときに渡していますが、入社する前のタイミングで、求められるものがはっきりしていたことは、とても良かったと思っています。やはり、具体的にやるべきことがはっきり言葉にされているというのは、人の行動を変えていきます。

これは僕も大いに学んだことでしたが、人間には共通言語が連帯感としてとても大事になります。新入社員が入る前から、実はすでにいたメンバーたちは大きく変わっていきました。行動規範ができたことに加え、新卒社員が入ってくることも大きかった。

僕も「みんな頼むぞ。この行動規範を当たり前と思って、新入社員は入ってくる。みんなが変わらないといけないぞ」と伝えていました。

当時はずっと20人程度でやってきた会社だったのです。新入社員が来る。そのためには何でもやろう、というくらい、みんな良い意味でうれしかったのだと思います。そこに「こうなろう」という共通言語があったために、大きく自分たちを変えられたのです。

一方で僕は、「社長が伝える」ということの大切さを改めて認識するようになりました。ときどき「社長が何を考えているかわからない」と部下が嘆く会社があります。こうなってはいけない。できるだけ社長が何を考えているのかを、聞ける状態にしていくことが大事だと思うようになりました。

当時は毎日、朝会を全社員で開催していて、最後は必ず僕が話をするようにしていました。組織というのはなかなかまとまらないという僕なりの苦難も経験していましたので、共通言語が決まり、僕も自信を持ってこれが大事だと伝えられるようになりました。

そこで、日々の中で、結局言っていることは同じでも手を替え品を替え、、話すようにしていきました。顔を見せて話すということを、大事にしていきました。

この頃から、僕の仕事の仕方も変わっていきます。それまでは朝早くから夜遅くまで、とにかく働いていていました。社員が飲み会をやっていても、飲む暇があるなら仕事をしよう、というくらいの気持ちで仕事に向き合っていました。

しかし、とりわけ新入社員が入ってからは、それではいけない、と思うようになっていきました。仕事が終わってからも、思いを伝える機会があるなら、それはとても大事になると思いました。社長がしっかりわかりやすく翻訳して伝えていかないと無責任になる。

そこで、新卒社員が入ってからは、週に3日は飲みに行くようになりました。これは2期生、3期生も同様でした。経営者の人柄を知ってもらう、ということも大事な取り組みでした。思いを浸透させるために近道はない、とも思っていました。

その背景には、藤田社長を見てきた影響も少なからずあったと思います。藤田社長も社員と距離の近い経営者でした。朝礼で立って話すタイプではありませんでしたが、いつ書いたんだろう、というタイミングでいきなりブログが発信されたりする。それがまた、素直な気持ちがにじみ出ていて心を打つのです。

広告代理事業のマネージャーをやっている時代も、飲み会に藤田社長が来てくれることがありました。同じように飲んで、同じように酔って話している姿は、とても魅力的でした。

姿を見せるだけでみんなの心は動いた。だから、一緒に酒を酌み交わすことが大事だったのに、僕はそれができていませんでした。その余裕がなかった、ということもあります。毎月売り上げが変わっていくので、ヒヤヒヤの毎日だったのです。

それが、ビジネスモデルがクリック課金から月額固定料金に変わって、状況が一変しました。

年間契約をいただくので、売り上げが読みやすくなったのです。売り上げが1年先まで見えた。そこで、僕は自分の時間の使い方を変えなければいけないと思うようになっていきました。組織をつくることに時間をかけるようになっていったのです。

僕の時間の使い方を変えることで、組織は安定していったと思います。飲み会だけではありません。採用に時間をかけ、社員の目標設定と振り返りの評価面談にも時間を使うようになりました。それくらい育成に関わらないと、社員は成長しないと思いました。

全社員の面談に僕が出ました。メンバーのフィードバックでは、マネージャーからの評価だけでなく、僕から見てどうだったかも伝えました。社長が見てくれることは、うれしいことだろうと思ったからです。

新入社員から「会社づくり」を本当に体感できる「せどつく」

新卒1期生は、採用活動のスタートが遅れたにもかかわらず、とても良い採用ができました。1期生という魅力もあったのだと思います。たくさんの応募をもらうことができました。

ウエディング業界は、特に女性に人気のある業界です。業界では、9割が女性の応募、という企業も少なくないようです。

ところが、ウエディングパークは違いました。結果的に1期生は、男女半々になりました。印象的だったのは、何か人の役に立ちたい、という声が多かったことです。のし上がりたい、出世したい、給料を上げたい、というよりは、何か人の役に立ちたい、という思い。そんなとき、ウエディングのネット企業が募集を始めた。ベンチャー企業で働いてみたいという魅力も大きかったようです。

人の幸せに携われる。かつ1期生、ということで応募を集めることができたのだと思います。

新卒が入社することで、ワーディングも定まったし、カルチャーを強みにできるような企業としての第二の創業にできたら、と僕は思うようになっていきました。そうした組織づくりのために何を新たにやっていくべきか、考え始めるのですが、改めて感じたのは、1期生というきっかけを使わない手はない、ということでした。

そして、これは僕もそうでしたが、ベンチャー企業に入って面白いと思ったのは、自ら会社をつくっているという感覚が持てることでした。社長や先輩と一緒になって会社をつくっているという実感があった。大きな決断のときに同席していたり、もっとこうしましょうという意見が採用されたり、ダイナミックなことが起きていく。

ウエディングパークでも、ベンチャースピリッツがあって、経営者のように自ら考えて動く、という言葉を育成の大方針に掲げましたが、そんな社員を増やせられるよう、新人時代から機会を与えていくべきだと思ったのです。

新入社員であっても、年齢や役職に関係なく決断できる経験を増やす。それを1期生から新しいカルチャーとしてもっとつくっていこうと思いました。こうしてできたのが、「せどつく」でした。これは、制度をつくる、という取り組みです。

新入社員が主導し、より高い成果を出すための会社の新制度を提案するプレゼンテーション大会です。先輩社員へのヒアリングや調査などを経て、社員に最適な制度案を提案し、役員決裁を経て導入決定になります。

1期生が入社したとき、「自分たちが経営者のつもりで、どんどんこの会社を変えていってほしい」と僕は言いました。しかし、そう口では言うものの、そのリアリティは新入社員にとっては高くないでしょう。そんな機会もそうそうない。

一方で、まだ事業としてはそれほど余裕のある段階ではありませんでしたから、サイバーエージェントのように事業プランを受け入れるようなこともできない。

しかし、会社の組織づくりにおいて、ということであれば、比較的すぐに決められるし、自分たちも結局、それで幸せになれるのであればいいのではないか、ということで、制度をつくる

「せどつく」をやってみることにしたのです。

まず、その年に入った新入社員が年末ごろ三つくらいのチームに分かれます。そして1チーム2案から3案、理念とビジョンに則っていることを前提に、会社がもっとこんな制度を取り入れたらみんながワクワクするし、理念やビジョンに近づけると思えることを、何でも良いから提案するのです。

僕が言っていたのは、ウエディングパークは加点主義で、減点主義じゃないからどんなことを言ってもいい、でした。そしてもう一つ、必ず提案の中からやるべきことをその場で決める、ということ。その場で決めるからには、真剣に持ってきてほしい、と。

提案は日を決め、チームごとにプレゼンテーションをしてもらいました。大勢の社員が、オーディエンスとして見に来ました。1期生のときは、寸劇でプレゼンテーションをするチームも現れるなど、大盛り上がりとなりました。

もちろん、「わかってないなぁ」と苦笑いする提案もありました。「毎年アメリカに海外視察に行きましょう」なんて提案です。「それはいくらかかると思う」と質問すると、苦笑いが返ってきました。

一方で、良い提案もありました。それが、その場で採用になった「祝って22（ふうふ）」という新しい制度でした。1周年、10周年、25周年の結婚記念日にお祝い金を二人分付与する、という制度です。

ウエディングを事業にするウエディングパークの社員が、幸せなタイミングを迎えたらそれを会社が応援するというのは、らしくていい、という評価でした。ちょうど僕が結婚10周年を迎えたばかりで、「僕はもらえないじゃないか(笑)」と冗談で嘆いたことを覚えています。

「せどつく」は新入社員だけの特権です。社会に出たばかりの素直な目で見てほしい、という狙いがあります。そして、経営者のようなオーナーシップを持って参加するというカルチャーを1年目から体感してほしいと思ったのです。失敗を恐れず、その場で社長が決めてしまうというダイナミズムも味わってもらうことができます。必ず一つは僕がそこで決める、ということはこだわったところでした。

先輩社員、ベテラン社員も提案したいことがあるかもしれませんが、その時は飲み会でもどこでも、僕に直接、言ってもらえれば良いと思っています。

カルチャーを体現するチームで、社内を活性化する

「せどつく」は新卒1期以降、毎年行われています。たくさんの制度が生まれましたが、なるほどフレッシュな目で見ているな、と感心させられるものもありました。例えば、「カレーファミリー制度」略して「カレファミ」。社内では人気の制度です。

4期生の「せどつく」でしたが、ちょうど社員が50～60名の頃。大多数が営業に配属される中、彼らなりに感じたのは、先輩や直属の上司が席をはずしていたり外出も多く、相談を直接しにくい、ということでした。それで寂しい思いをしていた、というのです。

そこで、隣の部署などナナメの部署の先輩から可愛がってもらえるような機会をつくれないか、家族のような団らんシーンにできないか、ということで、みんなでカレーを食べる、という取り組みが提案されたのです。

具体的には「親担当」「きょうだい担当」という異なる部署の二人でオリジナル「家族」をつくり、カレーを食す会を開催する新入社員のためのメンター制度です。新卒一人にナナメの部署の先輩が二人くっついて疑似家族を構成し、カレーを食べるというものです。頻度は隔月に1回。家族は会社が決めます。これが人気の制度になりました。

予算が会社から出ることも大きいようです。チームによっては、自宅に呼んで先輩がカレー

を振る舞う、なんてこともあります。後からお米代の請求がやってきて、「どれだけ食べたんだ？」というびっくりするケースもありました。

そのあたりは会社も多少ゆるくしながらやっています。大事なことは、みんなで楽しみながら活性化していくことです。

もちろん制度も大事で、整えていくことは必要ですが、それ以上に重要なことはもっと本質的なところです。いい雰囲気をつくること。いい文化をつくっていくこと。楽しんで仕事をやっていこうという組織カルチャーをつくっていくこと。

そこでスローガンのようなものも大切にしていました。「褒める文化」というのは新卒を採り始めた頃から、僕が頻繁に使うようになった言葉でした。

また、社員同士なれ合いになってしまうと会社が強くなりませんから、「切磋琢磨」という言葉も使いました。切磋琢磨するような関係性、競争と協調のバランスを取っていこう、と。お互い競争するように高い意識を持ってやるのですが、競争した後はみんな飲みに行って協調する。次は負けないぞ、と言い合える一方、団結力で会社を大きくしていこう、とも言い合える。

ギスギスした競争ではなく、「チームウエディングパーク」を最後は感じられるような仲間。そういう空気感を大事にしよう、ということを、地道に、手を替え品を替え伝えていったり、制度にメッセージを込めたりしていきました。今も半年に一度、スローガンを定めています。「骨太（ほねぶと）」、「TAMAGIWA!（たまぎわ）」、「GetWild（ゲッワイ）」、「ichi-mai-iwa（一枚岩）」など、いろいろなスローガンをつくりました。

会社のカルチャーづくりは、とても難しいものです。新卒採用を始めたとき、当時はカルチャーがなかった。だからこそ、カルチャーを強みにできるような会社になるといい、とサイバーエージェントの担当役員からも言われていました。そこで僕が意識していたのは、「カルチャーが大事な会社」ということを社内で共有していくことでした。

先にも書いた「カルチャーマッチ」という言葉も、採用のときに必ず意識してほしいということで、会社内で浸透していった言葉です。

また一方で、カルチャーが大事というのなら、そのカルチャーとは何か、ウエディングパークのカルチャーを体現できるようなチームをつくって、体現していくという取り組みも進めました。

社内で「WPPJ」と呼んでいるウエディングパーク社内活性化プロジェクトです。僕が選抜したメンバーによって、ウエディングパークのカルチャーを体現してもらい、そのカルチャーを社内に浸透させることをミッションとしたプロジェクトです。

メンバーは、定期的に交替させます。ウエディングパークのカルチャーに対して共感している、ちゃんと伝えるだけの主体性がある、ポジティブで明るい人、そしてカルチャーをつくり、貢献したいと手を挙げるメンバーを選んで組織します。

年次に関係なく、カルチャーに合致しそうなメンバーを各部署からバランスよく集め、全社横断で6人ほどのメンバーでスタートしました。今では、10数人のチームになっています。社員総会をはじめ、誕生日会、忘年会、社員旅行など、社員間の交流や活性化のための運営プロジェクトとして活動します。お花見をしたり、運動会を開催したり。「ウエディングパークはこういう会社だ」というカルチャーを盛り上げていく。今はとても大きな渦にしてくれています。

結局のところ、カルチャーはにじみ出るものなのだと僕は思っています。家族の雰囲気が自然にできるように、そこに集まる人たちが自然と醸し出す雰囲気。それがカルチャーなのだと思います。

ただ、スローガンや行動規範のようなワーディングや、活性化プロジェクトのようなカルチャーを支える動きは、カルチャーづくりに大きな意味を持ってくると思います。そこには、会社として、あるいは経営者としての意思が必要だと思うのです。

リーダーの行動規範づくり、権限委譲とその後の違和感

行動規範「TRUTH」を定めた2年後、新卒が3期生を迎えた2014年、ウエディングパークの組織はまた一つ転機を迎えることになりました。人数が次第に増えていく中で、リーダーの役割が重要になっていったのです。

そこで僕が提案したのが、リーダーの行動規範をつくろう、ということでした。リーダーがウエディングパークらしくある、とはどういうことなのか、言語化しようと思ったのです。なぜなら行動規範と同じように、ワーディングされていなければ、具体的な行動には落とすことができないと感じたからです。

行動規範をリーダーたちと定めたときと同じく、箱根の湯本富士屋ホテルに再びリーダーたちが集結しました。全社の行動規範をつくったときとはまた違う、新しいリーダーも加わっていました。このときは、コピーライターの方にお願いすることなく、みんなで最後の言葉まで決めきりました。そして「リーダー8（エイト）」が生まれました。

この場を設けたのは、やはりリーダーがしっかりしないと、社員が増えていったときに、組織はしっかり固まっていかないという思いでした。この後も実際に、新卒社員は10人から15人の

ペースで増え続けることになります。

そしてもう一つ、行動規範をつくった背景には、リーダーにできる仕事はリーダーに任せ、権限委譲して僕は後ろに下がっていこうという思いがありました。そうでなければ、リーダーが育たないからです。

僕はたたき上げの社長ですから、社員みんなのことはすべて分かっている、という空気のもとで仕事をしてきました。しかし、人数が増えてくれば、そうは言っていられなくなる。だから、権限委譲をしていかなければいけないと思うようになっていったのです。

振り返れば、これがまたウエディングパークの組織としての転機を生み出していくことになります。

権限委譲を推し進めたことで、僕が出ない会議が一気に増えました。「リーダー8（エイト）」があるので、それに照らし合わせながらやっていけば、うまくいくと思ったのです。飲み会などには顔を出しましたが、僕は会社の最前線では次第に後ろに下がっていきました。リアルな会議などは少しずつ選びながら、離れていくようにしました。社員が70人を超えたあたりから、会社全体が細かく見えなくなっている印象もあったからです。

仲の良いカルチャー、いい雰囲気はＷＰＰＪも頑張ってくれていて、保てていると思っていました。みんなと一緒に、いろいろなものをつくっていくというスタンスも、変わらず大事にしていました。

ところが、権限委譲をし始めた頃から新卒社員などと飲んだりしているときに、意外な言葉が出てくるようになったのです。最近、風通しが悪くなったような気がする、というのです。

これが一件、二件ではなく、あちこちから上がり始めることが気になりました。それでも、「いや、そんなことはないだろう」と思っていました。

ところが、リーダーたちに話を聞いてみても、風通しは悪くなっている気がするという。これはいけない、と思いました。ただ、僕なりにこれをやれば良くなる、ということも言えたのですが、それをリーダーに言ってはいけないと思っていました。任せようとしていたからです。

そこで部門長と話をして、最近風通しが悪いという声が上がり始めているが、どういうことか、というメッセージを発しました。ところが、彼らは「いや、大丈夫だと思います」と言う。きちんとコミュニケーションも取れているし、ちゃんとうまくいっている、と言うのです。

しかし、やっぱり現場と話すと、できていないという。これはまずいことになった、と思いました。かといって、僕が直接、下りていってしまうと、組織はまた昔の形に逆戻りしてしまいます。

ここからネジをまた戻しても混乱するだけだし、どうしようか、というときに出会ったのが、組織・人事コンサルティング会社のリンクアンドモチベーションでした。

教えてくださったのは、J2に上がるときにお世話になった先輩経営者の方でした。その後も僕を気に掛けてくださり、業界を変わられたこともあって懇意にしていただくようになっていたのでした。

その方とランチとしていたとき、「実はちょっと最近、苦労することがあって」と話をしてみたら、リンクアンドモチベーションに相談してみると良い、というアドバイスをもらったのでした。

社名は知っていました。そろそろ何かを変えないといけないと思っていたタイミングでもあり、一度、話を聞いてみようと思いました。

これが、ウエディングパークという組織にとって、また大きな転機となるのです。

社員のモチベーションを上げていくために、時間をかける

先輩経営者の方からは、こんな指摘を受けました。

「日紫喜さんは従業員からの声を聞いているつもりかもしれないけど、本当にそうなのかどうか。組織の状態を見える化したほうがいい」

そして実施したのが、リンクアンドモチベーションのサービスで組織状態を測る「モチベーションクラウド」でした。そして出てきたのが、組織偏差値でした。このとき、2016年のスコアは「65・5」。

標準が「50」なので、正直な気持ちとしては、そんなに悪くないな、でした。ただ、リンクアンドモチベーションからは、こんなフィードバックをもらいました。

「トータルとしては悪くないけれども、一部分は他社の平均的なスコアよりも悪いですね」

こうして、その部分を徹底的に改善していくようになります。これこそ、まさにリーダーがうまく機能していない、というところでした。

リーダーからすれば、「社長は現場を見ていないのに、不満を言わないでほしい」という感覚もあったと思います。しかし、実際に調査をしてみると、サーベイのスコアに現れているわけです。

僕自身も、何か問題があったのかもしれない、だからみんなでこれを解決しよう、と伝えました。誰が悪い、という犯人探しになっても、良い結果は生みません。せっかく見える化できたわけですから、一緒に直せば良いと思ったのです。

こうして、リーダーたちと、真摯に一緒に勉強し直しました。熱い思いと行動指針だけで組織をつくるのでは、これ以上、会社は大きくならない可能性が出ているので、こうした外部企業の力も借りながら、一緒に変わっていこうじゃないか、と。

実際のところ、リーダーたちの多くが10年に近い長い付き合いになっていました。よほどの変化でもない限り、「また社長が言っているよ」というような空気になりかねないと思っていました。社長の僕が相当に本気にならないといけないと思いました。

その意味で、外部の力をテコにすることは有効だと思いました。プロに入ってもらって、組織づくりの知見をベースに、いろいろなアドバイスをもらえたのです。

リーダーたちのサーベイを見ていて、分かったことの一つが、社長、部長、リーダー、メンバーという階層化が生まれていることでした。結果として、若手のリーダーから声が上がったのが、「社長が何を考えているか分からない」という声でした。

本来であれば、社長の考えていることを翻訳して部長やリーダーはメンバーに伝えることが求められてくるわけですが、権限委譲を進めたことで、僕が現場を離れすぎてしまった。結果的に、現場に近いところで、社長の思いが届かないようなことが起きてしまった。

僕は自分では話しているつもりでいたのですが、思った以上に考え方は浸透していませんでした。それが、サーベイにも出ていました。

そこで、ホスピタリティがあると感じていた社員にファシリテーターをお願いし、役員と部長以外のリーダーを集めた飲み会を開催しました。そうすると、いろんな声が出てきました。そういうことも聞けなかったのか、という事がたくさんありました。伝えていたと思っていたことが、伝わっていなかったことも分かりました。伝わることと伝えることは違うのです。

朝礼や飲み会でも、いろんな話をしていました。業績についても、基本的に隠しごとなく伝えていたつもりでした。でも、社員の受け止め方はそうではなかった。こんな質問がしたかったのか、と驚かされました。

1年かけて一通り終わり、もう質問はないだろうと終わりにしようとしたら、「ぜひ続けてください」とリーダーから熱烈な声が上がりました。次からは、みんなも知恵をつけたのか、事前に質問がかぶらないように連携して準備してきたりしました。

こうして、モチベーションクラウドを導入して一年後、サーベイ結果が大きく変わりました。組織偏差値は「70・2」に上がりました。リンクアンドモチベーションでは、組織偏差値を11段階でランク分けしていましたが、僕たちのスコアは「AAA」、という評価を得ました。聞けば、「AAA」の出現率は約4000社のうち3%ほどなのだそうです。その後、リンクアンドモチベーションのアワードも受賞しました。

リンクアンドモチベーションは、組織づくりにおいて、より合理的な仕組みが考えられている印象でした。言ってみれば、「型」のようなものがあった。

ウエディングパークは、ビジョンと理念、行動規範でカルチャーをつくり、一気に盛り上げていく、といった雰囲気を大事にしていましたが、僕自身、勉強不足を痛感しました。

上場企業は踊り場をつくりながら、その都度、成長していきますが、僕たちは非上場のグループ会社として甘えがあったのではないか、と反省しました。

僕自身、学ぼうという姿勢を持ち、目からウロコもたくさんありましたが、何より良かったのは、リーダーたちと一緒にある意味での組織の「健康診断」を受け、「自分たちが変わらないといけない」という危機感を共有できたことです。

一緒にいろんな問題を解決しようと連帯感が出て、率先してみんなが変わろうとして動くことができた。それが、結果的に組織のモチベーションを高めていくことになりました。

この年、リンクアンドモチベーションから「働きがいのある会社ランキング」を勧められました。僕は当初、あまり関心はなかったのですが、じゃあ、今年だけやってみようか、と応募してみたところ、「会社規模１００人から９９９人」のカテゴリーで35位に入り、ベストカンパニーとして表彰していただくことになりました。

リンクアンドモチベーションからは、ウエディングパークの特色として、理念が強みになっている、と評してもらいました。たくさんの会社を見ている彼らによれば、実は強い会社というのは、理念がとても浸透しているのだそうです。ここが高評価、全員が信じられていることは、企業としての大きな強みになる、と。

ただ、当初はリーダーがうまく機能していなかった。よくよく分解してみると、未熟な部分があった。大人の組織になりきれていませんでした。その部分で、階段を上っていくアドバイスをいただいたのです。

モチベーションクラウドは、今も半年に一度、行っています。組織の健康診断のようなものです。何が起きているのかを、見える化することができる。そうすることで、社員のモチベーションも見える。

サイバーエージェントも、いかに社員のやる気を引き出すか、そこに一生懸命になってきた会社でした。それこそ遡れば、松下幸之助さんも「一番大事なことは、やはりモチベーションを上げること」と語られていたそうです。

その意味では、ここにちゃんと時間をかけていることは、間違っていないと思っています。

新規事業を提案し、社内起業できる制度「N1」スタート

そのモチベーションにもつながってきますが、若くしていろんなチャレンジができる、というのは、会社にとっても大きな魅力になります。そこで、早くスタートさせたいと思っていたのが、新規事業を提案し、社内起業できるベンチャーらしい制度でした。こうしてスタートしたのが、新規事業創出プログラム「N1（エヌワン）」です。

僕自身、28歳で社長を任されました。年齢に関係なく、若くして事業責任者になれる魅力は、自分自身が体感をしています。ポジションが人を育てる、ということも現実としてあると感じていました。

僕も育ててもらいましたから、ペイフォワードではありませんが、恩は下に返していく必要があると思っていました。若手がチャレンジできる場、決断できる場、自分でオーナーシップを発揮する立場に抜擢できるような取り組みを始めたかったのです。

若い社員に提供したい挑戦と安心、というキーワードでいえば、安心が「せどつく」なら、挑戦が「N1」です。自分で手を挙げ、そのままプログラムで優勝したら事業責任者になれる制度です。

領域としては、ウエディングの会社、インターネットの会社ですから、「インターネット×ブライダル」という軸で、未来の中核事業のタネを見つける、としています。半年ごとに開催します。「N1」とは、Ｎｅｘｔ１＆Ｎｏ．１の略称です。

２０１４年からスタートし、現在四つの事業が「N1」から生まれ、今も稼働しています。

半年に一度の開催ですが、基本的に一つは選びます。結果的に撤退するものもありますが、それも一つの大きな学びです。

僕が創業当時に苦しめられたＣＡＪＪプログラムのような「J'sリーグ」という仕組みもつくっています。僕自身、辛かったわけですが、期日までに結果を出さなければいけなかったことは、経営者として本当に貴重な経験でした。

自分でアイディアをつくり、自分で手を挙げ、自分でゼロからつくって、新しい事業の柱を生みだしていく。そんなカルチャーが、ウエディングパークにも根付いてきています。

最初に事業化されたのは、２０１５年1月にスタートした、フォトウエディング・前撮りの検索サイト「Photorait（フォトレイト）」です。

日本では年間約60万組が婚姻届を出しますが、そのうち結婚披露宴を挙げるのは約半分といわれています。およそ30万組。残りの半分の多くは、婚姻届は出すけれど、結婚式はお金もかかるし、面倒だから挙げない、というカップルです。

結婚式はしないけれど、写真は残したい、という声は高まっており、またインスタグラムの流行もあり、お洒落な写真は残してシェアしたいというニーズは上がっていると実感していま す。

実際、結婚披露宴まではやらないけれど、写真にはお金をかける、という新しいビジネスは活況になってきています。そこで、フォトスタジオやプロのカメラマンを紹介するメディアとしてスタートしたのが、「Photorait」でした。

この事業領域では今、日本最大級の規模になっています。これまでなかったマーケットです。かつ結婚式場が取り込めなかったユーザーが対象になるということで、ウエディング業界の新しい可能性を生み出したと思っています。

また、この領域ではインバウンド需要、日本で結婚式を挙げたい海外の人たちからのニーズも高まっています。日本人が、ハワイなどで結婚式を挙げるように、海外の人たちが日本を好きになり、日本で結婚式を挙げたいという声が増えているのです。

日本の雪と一緒に写真を撮りたい、桜と撮りたいといった細かなニーズもあります。実は日本以上に、写真文化が進んでいるのが、アジアの国々です。写真にとてもお金をかけます。数百枚もの撮影を当たり前のようにするのです。

韓国、中国本土、香港、台湾などで流行しているフォトウエディングは、日本にも着火しそうなタイミングになっています。インバウンド事業、とりわけ香港や台湾の人たちを誘致し、日本のフォトスタジオとマッチさせるフォトウエディングには、大きな可能性があると考えています。

また、2015年9月にスタートさせた婚約・結婚指輪のクチコミサイト「Ringraph（リングラフ）」、さらには2017年1月にスタートした結婚衣装選びのクチコミ情報サイト「DRESPIC（ドレスピック　現・ウエディングパーク ドレス）」の二つも、「N1」から事業化された新規事業です。

新しい事業への取り組みは、会社の活性化に大いにつながっていると感じています。

一方、既存の事業でも新しい取り組みができる仕組みを取り入れました。定期的に行われている「めにゅつく」です。これは「広告メニューをつくる」の略で、チーム対抗で新広告メニューを提案する社内制度です。

クライアントのニーズを最も理解している営業が、その思いを汲んで広告をつくりたい、という考えからスタートした取り組みです。商品を企画・制作・提案する一連の流れに、営業もしっかり加わることができる。

当初は営業メンバーのみで構成された会議でしたが、今ではディレクター・エンジニアを含めたメンバー構成で、全社一丸となって開催しています。商品を部署横断でつくっていくのが、ウエディングパークのスタイルです。

チームで案をブレストし、調整や検証、ミーティングを重ねていきます。そして各チームがプレゼン。その場で決まる各チームの案が、新広告メニューに加わります。既存事業における新たな挑戦として、とても盛り上がる取り組みになっています。

10.
ウエディングビジネスという「天命」

ビジネスとして心がけたのは「シンプル」「一番」「高収益」

ウエディングパークに参画して、僕は初めてゼロから仕事をつくっていくような立場になりましたが、ビジネスを進めていく上で、ずっと念頭においていたことがあります。まず、複雑なやり方はやめよう、ということです。シンプルにする。複雑なビジネスにして、僕自身が分かっていても、メンバーが分からなければ、絵に描いた餅になりかねません。

幸いにも多くのベンチャー経営者を近くで見る機会にも恵まれてきました。経営者はとても優秀でキレ味の鋭い事業をつくっているのに、複雑過ぎてしまってメンバーが理解できていない、というケースもありました。複雑過ぎると、行動が伴わないのです。

ウエディングパークは、少ないリソースの中で、力を結集していく必要がありました。そのためにはシンプルにしていくことが大事になると僕は考えていました。

クリック課金時代も、クリックされたら２００円。これだけでした。それ以外の広告メニューも、一定期間はあえてつくりませんでした。広告枠として、一つで勝負する。そんなふうにできるだけシンプルにストーリーをつくり、ビジネスを分かりやすく展開する。そして現場が分かりやすく動いていけば、お客さまにも伝わるはずだと思っていました。

もう一つ、そうは言っても、特徴がなければお客さまからお金をいただくことはできません。「ここが一番です」という強みがない中でスタートしたわけですが、だからこそ僕が意識したのが、強みとなる一番をつくっていこう、ということでした。なければ、それを発見し、つくっていけばいいのです。

まずは、クチコミで一番になる、有料契約式場数で一番になる。こんなシンプルなところを目指していきましたが、その後も分かりやすい一番を意識するようにしていきました。そして、これが効果を生み出したと思っています。

例えば、写真で一番になる。ウエディング業界はそれまで、雑誌がメインのプロモーションの場でした。雑誌も写真がたくさん載りますが、とはいえ限界があります。電話帳のように分厚くなっても、写真の掲載点数は限られます。しかし、インターネットは無限大に写真を載せることができます。そこで、写真で一番になることを考えたのです。

ウエディングパークは、有料契約いただければ、とにかく写真をたくさん載せてもらおうと考えました。現在は、１００枚まで無料です。サーバーの負荷や運営コストは多少かかりますが、たかが知れています。結果として、とにかく写真がたくさんあるサイトになりました。

本気で式場を探しているカップルが写真をとにかくたくさん見たいのは、当然のことです。

これは何よりユーザーから喜ばれました。
今はインスタグラムでもたくさん見られるようになっていますが、当時は、ここまで写真が見られる場は、ありそうでなかったのです。

先に「小さな一番をつくる」という話をしましたが、小さくても一番になると、現場が自信をつけます。一番のコンテンツがたくさん出てくることで、自信は雪だるまのように大きくなっていくのです。

そして僕が心掛けていたことの三つ目が、高収益であることです。これにはキーエンス時代の影響もあります。利益率が高いと社員にも報いることができますし、余裕を持って経営ができるようになります。

サイバーエージェントが広告代理事業からメディア事業に舵を切ったのも、高収益を目指したからです。その一つが、ウエディングパークでした。ですから、高収益であることは、極めて大事であるという認識を持ってきました。

実際、ウエディングパークでは、粗利益で低いものはやらない、と当時は決めてきました。例えば、他社から「提携をして折半で売りませんか」という提案をよくもらいました。おそらくそこそこ売り上げは立つでしょう。しかし、高収益体質を崩してはいけないと僕は思っていました。そうすると、おそらく戻れなくなってしまうからです。安易に手を出してはいけない、と考えていたのです。

ですから、ウエディングパークは、広告を代理店にも卸しません。提携商品も、高い粗利益を確保できるものしかやりませんでした。強気ですが、高収益を崩してまではやらないというのは、原則にしています。

社員からは、そのためにビジネスチャンスを逸しているのではないか、という反発もありましたが、利益の高さというのは後々効いてくる、これは会社のルールだと言い続けてきました。最近は、新規事業の伸びもあって、少し拡大路線にしていますが、高い収益性はずっとこだわってきたことでした。

規模は小さいけれど、高収益の良い事業だと思う、と藤田社長も言ってくれたことがあります。

およそベンチャーっぽくない、とも言われますが、こういう会社もあるのです。

満を持して大きくしていく。流行りだから、とやらない

クリック課金から月額固定料金にシフトしたことで、新しいことに取り組める体力がつけられるようになりました。本丸のビジネスも伸ばしながら、同時に新しいものをやっていかないといけない、と考え始めたのが、その頃からでした。

そこで始めたのが、２０１２年の「Ｎ１」でした。そしてこの頃、インターネット業界で話題になり、「早く始めたほうがいいのではないか」と社内で声が上がっていたのが、アドテク事業でした。

しかし、僕は首を縦に振りませんでした。まだ、早いと思っていました。実はこの事業が、２０１７年秋には前年比７５０％という驚異的な成長事業になっています。ただ、僕は2年間、まだダメだと言い続けて、いよいよというタイミングで２０１４年にスタートさせたのでした。

背景にあったのは、先にも書いたように、ビジネスを複雑にさせてはいけないという思いです。ウエディングパークのビジネスをやりながら、片手間でアドテク事業を行うには、品質と事業の複雑性から、まだ早いと僕は感じていたのでした。

アドテク＝アドテクノロジーとは、「アド（広告）」と「テクノロジー（技術）」の組み合わせで

す。これによって、人の手では実現不可能なレベルの広告配信を実現します。アドテクによって生活者は、より自分の好みやニーズに合った情報を、広告によって手に入れられるようになります。

また、広告主にとっても、今までよりも効果的かつ効率的に広告を出稿できるようになります。インターネット広告は急激な成長を遂げていますが、その媒体費の大半を占めるのが、アドテクの特徴を活かした広告手法なのです。

端的にいえば、グーグルやフェイスブックなどの広告です。アドテクは発注いただいてから運用し、コストコントロールをしていく必要がありますから、セールス部隊、運用コンサルティングチームから組織を構成しています。ウエディングクリックを中心とした自社メディアのお客さまに、専門のアドテク部隊がアドオンで取引をいただき、グーグルやフェイスブックの広告を提案していくのです。

実はアドテク事業を手掛ける会社はたくさんあります。それこそ大手でいえば、サイバーエージェントもそうです。しかし、2年間の準備をし、社内で人を育て、改めて満を持して参入して分かったことは、ウエディング業界に特化した代理店はとても少ない、ということでした。ですから、ウエディングのアドテクについては、まだまだ知見が少ないのです。しかも、僕たちには自社メディアがある。

ウエディングパークを経由しているようなニーズの高い、良質のユーザーがグーグルやフェイスブック、インスタグラムなどに訪れたときにターゲティングできるメニューを持っているのです。

実際、2018年には、グーグルが主催する「Premier Partner Awards 2018」のファイナリストに、ウエディングパークがモバイル広告部門と顧客成長部門の2部門において選出されました。ファイナリスト選出は、2年連続です。広告代理事業の専業ではない僕たちが、こうしたアワードをもらうのは、極めて異例のことだったようです。

もしかしたら、もっと早く事業化していれば、もっと早く急成長の果実を得られた、とも言えるかもしれません。しかし、僕は信用こそが大事だと思っていました。とりあえず、こんなものが流行っている、とすぐに飛びつくのはどうかと思っていました。

どんなメニューがあるのかもおぼろげで、社内でよく分からずに運用管理してトラブルになるくらいなら、一時的に売れても信用は失っていくばかりです。

そうではなくて、正しく扱い、きちんと売ってサポートでき、その後も信頼してもらえるだけの技量や体制をしっかり揃えてから、やるべきだと思ったのです。

信用第一で無理な商品は売らない、というのは、僕のスタンスでした。経営のリソースは、人もお金も限られます。うまくやっていける見通しがちゃんと立ってこそ、始めるべきだと思うのです。

結果として2年にわたって準備し、仕込んでいったことはとても良かったと思っています。初期から社内でアドテク本部を立ち上げたい、と宣言した社員にその後、責任者を任せていますが、よく我慢したと思います。

実は、売り出してからも、低空飛行が2年ほどありました。そんなに簡単ではなかったのです。しかし、そこからお客さま向けに勉強会を開いたり、いろいろ学びも深めながら、少しずつ成功実例を出していきました。そうすると、じわりじわりと拡大が始まり、この2年ほどで一気に花開きました。今は需要が追いつかないほどの状況になっていますが、組織としての下地はできあがっています。経験者をどんどん採用して、一気に大きくしていくプロセスに持っていくことができました。

サイトづくりは数字オリエンテッド、プラス理念に合致で

ウェブサイトをどのようにつくっていったのか、という問いかけをいただくこともあります

が、ここにもいくつかの考えがありました。

インターネットの良いところは、数字で結果が見える、ということです。どのくらいアクセスがあったのか、見に来た人がどんな反応をしたか、どんな回遊をしていったのかなど、すべて数字で出てくるのです。

僕はもともと理系ですが、サイバーエージェントの営業時代に、数字で徹底的に鍛えられました。広告のマーケターやいろんな業界のプロの人たちから、数字の裏づけはどうか、ということについて厳しく指摘されたのです。

サイバーエージェントにも、そうした指摘に対して応えるべく、さまざまなメディア営業と連携をして対応に取り組んだ歴史がありました。

ですから、ウエディング業界のサイトづくりをする、ということになったときも、「女性のほうがウエディングをよく分かっている」など、抽象的なことではなく、数字の裏づけがどうなっているか、ということを創業当時から常に確認するようにしていました。

例えば、何かのコンテンツを加えたら、はっきり数字として出てきます。もちろん感性も大事ですし、女性的な視点も重要で、感覚的なものも問われてきますが、最終的に数字がどうなっているのか、なのです。ならば、どう変えていく必要があるのか。どうすれば、数字が上向くのか、という視点でサイトづくりのコミュニケーションをしていきました。

そして、もう一つは、きちんと理念に合ったコンテンツなり、サイトづくりになっているか、ということです。これをやれば、どれくらいユーザーの回遊が増えていくか、これならどのくらい大量のリピーターが出てくるか、というアイディアが社内から上がったとしても、「結婚を、もっと幸せにしよう。」という理念に、それは合っているのか、ということを僕がしつこく問うていきました。結果的に、理念に沿わない、ということで、企画を却下したこともあります。

数字だけを単純に出そうと考えると、こんなふうにやればいいのではないか、といろいろなアイディアが出てきます。インターネットは、意外に「こんなのが面白いのではないか」という単純なアイディアが出しやすい世界でもあります。

ただ、やっぱり「結婚を、もっと幸せにしよう。」という考え方に沿った発想を、経営者としては常に求めていました。経営者が最後の一線を守る、ということは、クチコミのクオリティを守るのと同じように、重要なことだったと思っています。

とにかく、理念からぶれるな、というのは、かなり指導していました。クチコミは当初5年と書きましたが、サイトについては創業から10年近くは、コンテンツのジャッジを経営者の僕が見ていました。

この頃、より良いアイディア、理念に合致したコンテンツを生み出してもらおうと、取り組みを進めていたことの一つに「ポイント制度」があります。若手メンバーによる「こんなコンテンツがもっとあったらいいのに」というアイディアを、直接社長の僕にぶつける機会をつくり、その場で僕が評価できるものにはポイントを付与していき、提案内容が実施されたらポイントが2倍になって加算され、社員同士でポイントを競うという取り組みでした。

このときも、「数字の見込みはどうなの？」という問いかけと同時に「理念に合っているのかな」という問いかけを必ずしていました。「どういう考えでこのアイディアを出したのか、話してもらっていいかな」と言うと、「いや、他業界で流行したので」と素直な答えが戻ってきたりしました。

そういうときに、「そうじゃなくて、理念をベースにしっかり考えてほしい」という話を伝えていきました。考え方が大事だということです。これが根本だから。根本の動機さえ正しければ、良いサイトになっていく、と繰り返し伝えていました。

サイトづくりでいえば、もう一つ。インターネットの良いところは、すぐに改善できるということです。すぐに手直しをしてリリースできるというスピード、柔軟性こそがネットカルチャーですから、とにかく改善していくのが良い、という空気をつくっていきました。

改善をテーマにした社内表彰制度をつくった、とは先に書いたことですが、サイトづくりについても、ベースは同じでした。どんどん改善していくことを褒める。サイトづくりは、ある程度できてしまうと、「もう良いんじゃないか」となりがちです。

そこで、もっとより良くできるよね、もっと喜んでもらえるサイトがあるよね、そうやって改善していくことを会社としても評価しているよ、というメッセージを発信していくようにしていました。

ウエディングパークでは、四半期に一度、目標設定と振り返り面談を行っています。ここで、次の四半期にどんなことをやっていくか、目標を立てます。

このとき、サイトについても、どう改善していくか、今やるべきだと考えていること、みんながやりたいと思うことを確認していきました。こうして四半期ごとにコミュニケーションをすることで、どんどん改善していく、ということがカルチャーになっていったと思います。

創業期は社長がしっかり手綱を引いておかないといけない

経営にはいろいろなスタイルがありますが、僕自身は創業以来ずっと、かなり細かなところまで見るようにしていました。僕自身が完璧主義でどちらかというと、きっちりやりたい、という思いが性格上あるので、どうせやるのであれば、パーフェクトにいきたいという気持ちを強く持っていました。

もう一つ、起業を目指した学生の頃、経営者は本で会うしかなかったときに、読んで理想として感じた像は、多くが製造業の経営者だったことも大きいかもしれません。松下幸之助さんしかり、稲盛和夫さんしかり、日本で強烈なリーダーシップを発揮した偉大な経営者が、製造業にはたくさんおられたのです。

そして製造業というのは、基本的に現場からのたたき上げ経営者が多い。それこそ、「このボルトが1本いくらしているのか分かっているのか！」とコスト意識において従業員を叱り飛ばすシーンなどが、たびたび出てきたりする。

創業時にはみんな苦労していて、そこまで細かなところまで分かっているのか、それぐらい集中してやらないと会社というのはうまくいかないのか、というのが、僕の経営に対する強いイメージでした。

実際、最初に入社したキーエンスも製造メーカーであり、完璧を追求する会社でした。だから、やっぱり会社の経営というのはそうなんだ、こういうものなんだ、と感じました。強い会社というのは、このくらいきっちりやるものなんだ、と目の当たりにすることになったのです。

どこまで細かくするかは別にして、やっぱり厳しくきっちりやらないといけないんだろう、という気持ちがありました。こうした認識と、僕自身のキャラクターから、「細かく見る」という僕の経営スタイルは生まれていったのだと思います。

実際、ある程度、会社が大きくなるまでは、「知らないことはない」という状態にしたいと思ってやっていました。物理的に見えなくなるまでは、それを貫こうと思っていました。

具体的には70名を超えたときくらいでしょうか。先に書いた、リンクアンドモチベーションに入ってもらう頃です。それまでは、全員の目標設定面談も僕がほぼ入っていました。

社員からは「社長は暇なのか」と思われていたかもしれませんが、当時の僕の3カ月の業務時間の20％は目標面談に使っていました。そのくらい一人ひとりとの時間を持つことが育成であり、こうすることで、社員が理解できるし、僕の思いも伝わると思っていました。

さすがに人数が増えて事業が大きくなってきて、権限委譲をしないといけない、と踏み切ったことで、問題が起きてしまった。組織というのは、そんなに簡単なものではなかった、というのは先に書いた通りです。

僕がこのとき少し反省したのは、自分が見える範囲は、実行がきちんとできていると思っていたことです。背中で見せる、といえばかっこいいですが、分かってくれるだろうと思っていました。

しかし、人間はそんなに簡単ではない。分からないところは、分からないわけです。そのため、権限委譲しても、10年も一緒にいる社員ですら、考え方をよく分からずに指導していたり、ということが起きてしまった。すべては見えて理解できていた、と思っていた僕の甘さでした。

ただ、簡単ではないことが分かっただけに、権限委譲を進めながらも、時間を追って考え方を伝えるようにしています。その努力をしないといけない。自分がすべてを見渡せる、ということができなくなった以上、次のステージに来たということを認識して、行動しないといけないということです。

時間をかけるところが変わってきました。ものづくりは人づくりである、と松下幸之助さんは言われていましたが、まさに人づくりをしている、という感覚になっています。最初は、ものづくりに精通している経営者、というイメージがあったのですが、今は人づくりという、自分自身も次のステージに進んできている気がします。

「今」の感覚も大事にする。必要だと思うことは取り入れる

ウエディングパークを見にくるユーザーには、一つ大きな特徴があります。それは、どんどん入れ替わっていく、ということです。結婚式を決めたカップルは、クチコミを書くために訪れてくれることがあっても、その後、ユーザーとして訪れてくれる、ということは基本的にありません。

ユーザーがどんどん変わっていくことは、いろいろな経営者から、本当に難しいビジネスだ、と言われることがあります。ユーザーが固定しないからです。

ただ、しっかりしたブランドができれば、それでもユーザーは獲得できます。また、ユーザーが変わるので、僕たちも常にフレッシュになります。例えば、「あのコンテンツはちょっと……」というものも、改善していくことで、新たにやってくるユーザーには新鮮な気持ちで見てもらえます。そんなふうに社内を鼓舞できる、とも言えるわけです。

一方で、新しいユーザーがどんなことを考えているのか、ということについて、しっかり理解をしておかないといけない、という社内的な危機感は常にあります。時代に置いていかれると、もう使ってもらえなくなってしまう、ということです。

ただ、これも、会社に緊張感を持たせるという意味では、良いと捉えています。リピーターがない、ということを、できるだけポジティブに捉え、常に改善して、リフレッシュしていく。ユーザーも日々新しくなるので、我々も日々新たになって、常にベストマッチングを目指していく。

もちろん、良い伝統、過去につくってきた良い歴史やいいコンテンツもありますが、そこにこだわる必要もないと思っています。時代に合わなくなって捨てて良いものは、捨てていって良い。それが、心掛けているスタンスです。それよりも、「今」の人たちに合うかどうか、ということが大事です。過去に苦労してつくったんだから、なんてことは、「今」の人たちにはまったく関係がないのですから。

その意味では、今のユーザーに近い感覚で入社してくる若い社員たちは、チャンスが大きい会社、チャンスが大きいビジネスだとも思います。

今のウエディングパークのサイトに詳しくならなくても良いのです。「今」の感覚を大事にして、今、必要だと思うことをどんどん提案して、見つけていってもらえたら良いのです。

それこそ先にも触れましたが、インスタグラム全盛時代、写真をふんだんに使い、結婚式をブログのように、アルバムのようにレポートしていく「ハナレポ」などは、まさしく「今」の感覚です。しかし、世の中はどんどん動いていきます。

そして僕たちが取り組まないといけないのは、コンテンツの編集内容以上に、いかに使いやすいものにできるか、見やすいものにできるか、もっといえば投稿しやすいものにできるか、ということ。ユーザーインターフェースであり、ユーザーエクスペリエンスの部分です。ここでいかに感動してもらえるか。こんなふうに自分もやってみたい、投稿してみたい、と思えるか。そういう循環をつくることで、本当にユーザーが求めるものがサイト上で生み出せるようになっていく。

そのためには、ウエディング情報だけを見ていると、置いていかれると僕は思っています。インターネット業界をよく見て、若い方々が使っている、流行しているサービスをちゃんと意識して使ってみたり、咀嚼してみたりして、その感覚を取り入れていかないといけない。そして、ニーズを実現できるサービスに昇華するためにも、技術力を磨くことが大切です。

これまでは紙メディアを中心に、ウエディング情報は一方通行でした。マスメディアが中心でした。それをありがたく見る時代から、あなたも参加してください、一緒につくりましょう、という時代になっているのです。

ウエディングパークも、ユーザーのネットリテラシーがどんどん上がっていくなかで、トレンドに置いていかれないようにしないといけません。また、ウエディング業界向けには若い人のネット利用の仕方などを翻訳して、それにマッチする形で提案していく必要も僕たちの役割としてあります。

実際、長年ここでリーダーシップを発揮し、本格的にインターネット広告をウエディング業界に普及させていった自負がウエディングパークにはあります。業界のインターネットリテラシーが低い時代から、インターネットを啓蒙し、勉強会などをしながら一緒にビジネスを育てあげてきた信頼感も強く感じています。

何かあれば、すぐに相談してもらえるという距離の近さや、担当営業がすぐに飛んでいく対応力は今も変わっていません。やはり、地道に培ってきたものはとても大きいと思っています。

経営は永続しないといけない

2005年から社長になって、14年。今、改めて強く感じ、経営で心掛けているのは、経営は永続しないといけない、ということです。

社員の幸せはもちろん、カップルの幸せを実現させるためには、会社がちゃんと永続されていくことが必要なことは、言うまでもありません。経営としては、永続性のある事業づくり、永続性のある組織づくりが欠かせないものになるということです。

そして、やはり経営において一番大事なものとして、絶対にブレてはいけないのが、ビジョンと理念です。ビジョン、理念に沿った経営ができているかどうか。ここは常に向き合っていかなければいけない。

ともすれば、「このくらいでいいんじゃないか」と満足するようなときが出てくるかもしれない。そのときに「いや、自分たちは21世紀を代表するブライダル会社になるんだよね。だから、もう一歩、踏み出さないと」と言えるかどうか。

また、儲かる話が目の前にやってきたときに、理念やビジョンからそぐわないものは、やらない、あるいは断る勇気を持てるかどうか。

会社はもちろん売り上げ、利益が重要になりますが、理念やビジョンに沿った経営ができている会社こそ僕たちは追い求めたい。

社員からすれば、どちらの会社が信頼できるか。業界関係者、利害関係者から信頼してもらえるのは、どちらなのか。会社には個性があります。理念、ビジョンにこだわり抜く会社である、ということを個性にしていきたいと僕は思うのです。

ベンチャーらしからぬ、とは先にも書いたことですが、僕自身が、コツコツ続けていくことを大事にして生きてきました。続けることは難しいことです。だから、続けられるだけの経営をしっかりやっていこう、と思うのです。それは大きなチャレンジです。

もちろん、成長を否定しているわけではありません。会社は成長することで、続いていく、という側面もあるからです。ただ、コツコツとは言いながらも、成長することは簡単なことではない。

人を増やし、事業が拡大し、成長し続けることは大変なことです。おかげさまで、ウエディングパークは今、ずっと成長させてもらっています。

僕は同時に、達成意識が強いタイプでもあります。常に目標は上がりますが、それを追いかけていきたい自分がいます。成長も、継続も、両方目指し、ラクではない道の達成を目指していきたいと考えています。

学びを深めるために、経営者の本は相変わらずよく読みます。何かノウハウ的なことを学びたいというより、今の時代の経営者が伝えたいことはどんなことなのか、自分とは何が違うのか、考え方がどう違うのか、に興味があります。

普段は、よく歴史の本を読みます。自分の見ている世界は、やはり狭いのです。発想を広げ、大局観を身につけるためにも、歴史は一番いいと思っています。歴史は極めて、興味深いものがあります。歴史を見ることは、経営者として、とても意味があることだと思っています。

ワクワクするほう、難しいほうを選んできたから今がある

自分のこれまでを振り返ってみると、ディーゼルエンジンの研究室にいながらキーエンスに入社したことも、結婚したばかりだったのにサイバーエージェントに転職したことも、まったく会社の状況が分からないのにウエディングパークへの責任者としての抜擢をその場で受け入れたことも、共通しているのは、「自分が直感でワクワクしたほうを選んできた」ということだったのではないかと思っています。

そして、何が今を形作ってくれたのかといえば結局、原点は「ワクワクしたほうを選んだ」と

いうことだったのだと思うのです。

それ以外でも、仕事をしていれば、選択肢は常に出てきていました。では、そのときどうしていたのかというと、やはりワクワクしたほうを選んでいました。

選択の基準として、僕の頭の中にずっとあったのは、学生時代に描いた「人に感動を与えたい」ということでした。そういう大人がかっこいいと思っていました。だから、それに照らし合わせたらこちらだな、という判断ができた。それはやっぱり、そのほうがワクワクするから、自分の本音から、ぶれることがないから、でした。

キーエンスを辞めて、インターネット業界にいきなり入ることになったとき、実はネットビジネスがどんなものなのかも、よく分かっていませんでした。

しかも、藤田社長の文章に惹かれたのがきっかけだったわけですが、根拠はあまりなく、なんだか直感的にワクワクしてしまったのです。

ウエディングパークも、藤田社長に言われたときに直感的にいいな、と思って決めましたが、結局、蓋を開けてみるとビジネスとしてはほぼ破綻状態。でも、だからこその醍醐味があった。

どの選択も、そうしないという方法もあったわけです。だからこそ思うのは、自分で選んだのだということを、しっかり意識しておくことの大切さです。ただ待っていて、そこにやってきたものをやるのも一つの生き方かもしれませんが、自分で直感的にワクワクするものを選んでいく。実は直感こそが、大事だということです。

仕事に支配されるのではなく、自分でそれを活かしていく。自分で決めていくという意識をしっかりと持つ。そういうスタンスをしっかり持って、仕事には向き合っていくべきだと思います。

もちろん、選択肢には限りがあるかもしれないけれど、そこに選択肢自体はあるのです。それを意識することで、自分の人生にできるのです。

もう一つ、ワクワクといえば、後に僕のスタイルになった、「迷ったら困難なほうを選ぶ」があります。ウエディングパークの歴史もそうでした。まわりが反対する。でも、正しいほうを貫いたほうが、きついかもしれないけどワクワクできるのです。

それこそ山は高いほど険しくなります。でも、だからこそ燃える。だからこそ、ワクワクできる。やらなくて、どうするんだ、と。それこそ山が高いと思えるときほど、これまでも「これはチャンスかもしれない」と思ってきました。

僕の仕事スタイルを、「愚直だ」という人もいます。でも、それは無理をしてそうしているのではなく、愚直になれる自分がいるのです。それはもしかしたら個性なのかもしれません。

もっと言えば、実はどんなことも面白いのです。仕事だからやらなきゃいけない、と思うことをやめた瞬間、実はそこにはいろんな工夫の余地がたくさんあることに気づいたりします。思った以上に楽しい、ということが分かることもあります。

愚直に目の前のことを一生懸命やる。僕はそういうスタンスでいたからこそ、見えてきたことがあると思うのです。どうしてこんなことをやらないといけないんだ、などと思いませんでした。おかげで、着実に力をつけてくることができた。器用にやろうとしなかった分、余計なことを考えることもなく、僕は着実に成長してくることができたのだと思っています。

良い仕事をする方法は、「成果＝熱意×能力×考え方」

若い人に、「良い仕事をする方法はありますか」と聞かれることがあります。これは、大先輩の経営者、稲盛和夫さんの考えを拝借して、いつも伝えるようにしています。稲盛さんがつくっている方程式が、これです。

「成果＝熱意×能力×考え方」

僕は経営の仕事をするようになって、改めてこの稲盛さんの公式は、とても分かりやすく本質を捉えているな、と思いました

ウエディングパークは若い会社ですから、基本的にみんな熱意はあると思っています。若い社員も多いので、熱い気持ちはみんな持っている。

一方で、若い人は能力を今、培っているところでもあります。ただ、ベテランになってくると、能力は上がるけれど、熱意が下がっていく人が出てくるのです。

だから、熱意が大事になってくる、と若い人には伝えています。熱意を武器にしなさい、と。そしてベテランは熱意をちゃんと燃やさないと、能力の掛け算ではあっという間に限界がやってきてしまいます。

ただ、実はこの方程式の中で、最も大事なのは考え方だと僕は思っています。良い考え方を持てるか、ということです。

特にウエディングパークにとっての良い仕事とは何なのか。行き着くところは、どこの会社でも通用する良い仕事ではなく、ウエディングパークにとっての良い仕事をするか、ということです。

それが実は、本来のパフォーマンス以上の評価、信用というものを生みだしていく。ウエディングパークの考え方、もっといえば社長の僕の考え方、それをしっかり理解しておくかどうか

は、大きな差をもたらすということです。

これは、他の会社でも同じです。会社の考え方、社長の考え方をしっかり理解しておくことで、正しい考え方が生まれる。どこでも通用する能力はもちろん大事なことですが、それだけでは本来以上の力は出てこない。会社が持つ正しい考え方を理解していれば、同じ情報に接していても、対応が変わる。学び取ろうとする人と、学び取れない人が出てくる。これは、あっという間に大きな差をもたらします。


僕が何か話をするときは、責任を持って話をしています。それに対して一生懸命ついてきてくれているな、と思えば信用は大きく高まる。もちろん、社員ですから信用しているわけですが、それが高まっていく。

考え方をちゃんと理解してくれているというのは、計算が速いことよりもよほど大事だと僕は思っています。長い目で見れば、考え方が一番効いてくるのです。だから、考え方の大切さを知っておいてほしい。会社や社長の考えを、しっかり理解しておいてほしい。

そういう人は、ただ仕事をこなせるだけではなく、仕事の行間にある部分も分かるようになっていきます。タテヨコナナメのコミュニケーションが、上手に取れるようになっていく。

考え方をしっかり理解することには、それだけのパワーがあるのです。

そして、この考え方こそ、まさに会社のカルチャーのベースになるものです。社員の考え方が積み重なったものが、まさにカルチャーになっていく。ですから、カルチャーが合わなければ、会社の居心地は悪くなります。

逆に、カルチャーが合致していれば、とても居心地が良くなる。会社を選ぶときに、カルチャーが大事になるのは、当然のことです。僕たちは、新卒採用でも必ずカルチャーマッチを見ます。カルチャーが合う人を受け入れたほうが、双方にプラスだからです。

そして、このカルチャーの良さこそ、ウエディングパークの大きな強みだと思っているのです。

さらなるネットシフト、動画、AIから世界へ

ウエディングパークにできることは、まだまだたくさんあると考えています。結婚式場やホテルは、今なお雑誌やテレビCMがメインで広告集客をしています。もっとインターネットを使って、最小限のコストで集客をしてもらえるよう、インターネットへのシフトを図っていきたいと考えています。

結婚式場への集客コストが下がることは、結婚式場のクオリティを高めることにもつなが

り、最終的に結婚式を行うカップルのためになると考えます。

特に今、グーグルやフェイスブックを含めたアドテク広告を、ウエディング業界でもお客さまが学びながら実行していく機運が高まってきていますので、これをもっと加速させていきたいと思います。業界の発展のために、間違いなくプラスに作用する、だからやらなければいけないという覚悟を持って、取り組みを進めていきたい。

インターネット企業である、僕たちウエディングパークがただ稼ごうと考えているわけではないのです。業界にとっての、適切な使い方を一緒に学んでいきたいと思っています。

コストパフォーマンスが良く、効率の良い集客ができるアドテクをもっともっと促進させれば、今や結婚式場やホテルの大きな負担になっている雑誌への広告費を減らしても、同じような集客ができる現実がつくれると僕たちは考えています。それを実現させ、ウエディング業界を発展させていけるような組織づくりや品質管理に取り組んでいきます。

もう一つ、大きく注目しているのが、「動画」です。インスタグラム人気で、写真への注目がどんどん高まっていますが、通信規格が5Gの時代を迎えれば、写真以上に情報量が多い動画への注目がこれまで以上に高まると見ています。

もとよりウエディングは、動画と相性が良い。結婚式にはムービーはつきものです。もちろん、広告プロモーションとして、どう動画を見せていくかというのは、まだ取り組みが進んでいませんん。ですから、例えばスマートフォン向けに配信するプロモーション動画をどうつくっていくかなど、研究を推し進める必要があると思っています。

ユーザーとなる新婚カップルの視点に立てば、共働きが当たり前になっている中で、土日をつぶして結婚式場やホテルに見学に行くというのも、負担があります。そんな中で、動画を見てタイムリーに式場の魅力が分かるようなテクノロジーがあれば、大いに喜ばれると思います。

こうしたニーズは、急激に加速していくと思いますので、ウエディングパークが率先して、業界初のスマホ動画での集客などにも、ぜひ取り組んでいきたいと考えています。


それこそ将来は、バーチャルリアリティ技術を使って、参列もバーチャルで行われる、という結婚式が出てくるかもしれません。もちろんリアルの参列者もいるけれど、バーチャルでも、その場にいる感覚を一緒に味わうことができる。そんな結婚式が、テクノロジーによって、実現するかもしれません。


こういった取り組みが、もっと本格化していくとウエディングの世界も変わるでしょう。インターネットテクノロジーを使えば、もっと多くの人に感動を与えられるし、幸せになってもらえる可能性がある。

ウエディング業界で仕事をしているわけですから、こうした新しいテクノロジーを形にしていくサービスは、お客さまへの集客に関わらず、幅広くチャレンジしていこうと考えています。

何よりそれは、理念やビジョンから逸れるものではありません。

テクノロジーを強みにしていく会社として、新しいウエディング業界をつくっていくような動きも、積極的に取り組んでいきたいと思います。

ＡＩ（人工知能）については、特化した研究開発組織「Wedding Park AI Lab」を立ち上げています。ＡＩ技術を活用したサービス開発を目的とした組織で、まずはウエディングパークサイト内に「結婚準備ガイドＡＩボット」の提供を開始しました（現在はクローズ）。

これは、ウエディング業界初の結婚準備に特化したＡＩチャットボットサービスです。結婚準備に関するユーザーの悩みや質問、欲する情報に対してボットがリアルタイムで回答します。情報収集の利便性を改善し、必要な情報に辿り着けないという心理負担を減らすことで、結婚準備をより楽しく幸せなものにすることを目指しています。

いずれは、新婚カップルが良い結婚式場と出会うためのレコメンドサービスなども可能性としてはあると考えています。ＡＩのジャンルも引き続き研究していきます。

そして、ウエディングパークの事業は、日本全国に、さらには全世界に展開したい。拠点は各県に一つずつはつくりたい。なぜなら、地域によって結婚式は異なるからです。できれば、地域に根ざした取り組みを推し進められたら、と考えています。

ウエディングパークグループとしては、「N1」を継続させ、新規事業を拡大していきます。事業と人材を育てながら、新しい価値を提供していきたい。理念とビジョンを理解した、ウエディングパークの社員だからできる新規事業が、きっとたくさんあると僕は感じています。

ウエディングに関わる仕事は、天命だった

ウエディングパークはこれから、あらゆる方面で、結婚の素晴らしさを発信していけるような会社にならないといけないと思っています。

実際、結婚式というのは、本当に素晴らしいのです。僕はもう、何度出たか、分からないほど出ていますが、いつ行ってもうれしい気分になります。感動しますし、こちらまでワクワクする。社員の結婚式なら、なおさらです。

実は、この本を書いている間に、一つのビッグイベントがありました。なんと初めて、社員同士が結婚することになったのです。社内結婚第一号です。しかもこれが面白いことに、第一号が終わると、第二号、第三号と連続で続いていくことになったのです。

自分が社長を務める会社で出会った二人が結婚する。これは本当にうれしいことです。しかも、ウエディングの仕事をしている会社です。そこで自分が採用した二人が出会い、家族をつくっていく。まるで親のような気分になりました。いつもお世話になっているお客さまの式場で結婚式を挙げました。二人が見つけてきました。

改めて、ウエディングが仕事になっていることが、いかに素敵か、と思います。僕はもう結婚して20年になりますが、新婚夫婦の話を聞くと、初心をいつも忘れてはいけないな、と思います。あの感動の気持ちを、また思い出そう、と。改めて、良い業界で仕事をしている、と思い出させてくれます。そして、「誰かを感動させる何かをつくりたい」。その想いで上京し出会ったウエディングに関わる仕事。これは、僕にとってまさに「天命」だったと考えています。

ウエディングに関わる仕事の魅力は何より、人の幸せに直結していることです。そこでお役に立つことができるというのは、僕はもちろん社員一同、仕事に向かう大きなモチベーションになっています。

仕事をすることの目的の一つは、もちろん収入を得るということもあるわけですが、それ以上に幸せに携わる（貢献できる）ことができるというのは、大きなやりがいだとみんなも言います。

ウエディングは日本の文化と大きな関わりがある、ということも魅力だと僕は感じています。ある県が結婚式でどんなことを大事にしているか。ウエディングをきっかけに、その土地そのものが大事にしているものが見えたりする。

時代によって変わっていくものもあるわけですが、変えて良いところと、変わらないでいてほしいところ、それがきちんと見極められる力を持った会社でありたいと僕は思っています。

僕たちはインターネット企業ですが、直販で展開していますので、北海道から沖縄まで日本全国の方々との関わりが持てることも大きな魅力だと感じています。その地域の魅力、その土地ならではの人の温かみ、人付き合い……。

いつもたくさんのことを教えていただいています。遅くまで食事やお酒に付き合っていただいたりすると、とびきりの場所を聞けたりする。遅くまで飲んでも、例えばその地の神社などを教わったりすると、参拝をするようにしています。

そして、ウエディングは、世界的なテーマだということも魅力です。世界のどこに行っても、ウエディングはある。祝福のシーン、幸福のシーンがある。テクノロジーが進展すればするほど、もしかすると「愛」や「幸せ」というものにフォーカスが当たっていくような気もしています。これから世界共通言語として、その注目度は高まるのではないか、と思っています。

ということは、世界でウエディングの幸せについて、貢献することができるということです。21世紀を代表するようなサービスをつくるチャンスがある。

実は世界を見ると、世界展開しているウエディング企業はありません。もちろん地域に根ざしながらも、もしかすると世界に通用するようなウエディングサービスができるのではないか。インターネットサービスであれば、それは可能なのではないか。

そんな大きなスケールでビジネスを考えられる、というのも、ウエディングの大きな魅力だと思っています。ソニーというブランドが世界のどこに行ってもあるように、ウエディングパークというサービスがどこの国に行ってもある。そんな時代をつくることができたら、と思います。

テクノロジーが加速度的に進化している今は、100年に一度の変革期でもあります。圧倒的なナンバーワン企業に対して、後から出てきた企業が互角の戦いをしている通信業界のような例もあります。

大きなイノベーションに取り組み、100年に一度の変革期に現役世代としてチャレンジできることも大きな魅力です。リアルなビジネスに影響を与えられる伸びしろを持ったネット企業でありたい。とにかくもう、いろいろ思いは膨らむばかりです。

そんな思いを、ウエディングパークの社員たちと、これから迎える新しい仲間たちと一緒に、大きく花開かせていきたいと思っています。

あとがき

今年は、記念すべき会社設立20周年を迎える年となりました。

インターネット産業は浮き沈みが激しいこともあり、インターネット企業は数あれど、20年の年月を経て、なお成長し続けている会社はそれほど多くありません。

そのような中、記念すべき20周年を迎えられたのは、当社社員の日々の懸命な努力、そしてウエディング業界の皆様や関係している多くの方々の日頃のご支援とご協力あってのものと感じ、心から深く感謝いたします。

20周年を迎えるにあたり改めて感じることは、企業は永続していくことが大切だということ。そして、永続するためにも、カルチャーを大切にしながら、社員みんなが同じベクトルを向いて、一枚岩となって活動しなければいけないということです。

木が年輪を刻むように、次の30周年、50周年も社員全員が一枚岩となって前進できているよう、今後もしっかりと凡事徹底しながら会社経営をしてまいります。

インターネット産業という成長分野におきまして、ウエディング業界の皆様にしっかりと付加価値を提供できるよう、今後も社員一同取り組みを進めます。

最後になりますが、サイバーエージェントの藤田晋社長、および役員の皆様、サイバーエージェント社員皆様の日ごろのご指導やご支援により、無事20周年を迎えられたと感謝しております。

また、役員の作間友幸、房紘士、保田誠一郎、ウエディングパーク社員とそのご家族の皆様はもちろん、会社の立ち上げにあたり１９９９年設立から今まで関わっていただいた創業役員や元社員・従業員の皆様にも感謝いたします。

そして、今回の執筆にあたり協力いただいた幻冬舎メディアコンサルティングの伊藤英紀さん、深江朋子さん、構成にあたってお世話になったブックライターの上阪徹さんには、真摯でプロフェッショナルに対応いただき感謝いたします。

今回の書籍をプロジェクト化して約半年にわたり粘り強く推進してくれた広報担当の菊地亜希と瀬川由絵は、頼りになり安心して任せることができました。本当にお疲れ様でした。

僕が仕事に邁進する中でサポートしてくれた家族にも心から感謝します。いつもありがとう。
いつか子どもが、ウエディングパークのサービスを使って、幸せになってくれることを願って。

2019年2月　日紫喜　誠吾

【著者プロフィール】

日紫喜　誠吾（ひしき　せいご）

1976年生まれ。

1998年に同志社大学工学部エネルギー機械工学科を卒業後、（株）キーエンスに入社。その後、将来の起業を目指して急成長のネット業界へ転職を決意し、2000年に（株）サイバーエージェントに入社。インターネット広告代理事業のマネージャー、局長を経て、2004年にサイバーエージェントの100％子会社として設立された（株）ウエディングパークへ出向。2005年に代表取締役に就任し、現在に至る。

僕《ぼく》が社長《しゃちょう》であり続《つづ》けた、ただ一《ひと》つの理由《りゆう》

ウエディング業界《ぎょうかい》に革命《かくめい》を起《お》こした信念《しんねん》の物語《ものがたり》

2019年4月10日　第1刷発行

著　者　　日紫喜誠吾
発行人　　久保田貴幸

発行元　　株式会社 幻冬舎メディアコンサルティング
〒151-0051　東京都渋谷区千駄ヶ谷4-9-7
電話　03-5411-6440（編集）

発売元　　株式会社 幻冬舎
〒151-0051　東京都渋谷区千駄ヶ谷4-9-7
電話　03-5411-6222（営業）

印刷・製本　シナノ書籍印刷株式会社
装　丁　　三浦文我

検印廃止

ISBN 978-4-344-92232-7 C0034
幻冬舎メディアコンサルティングＨＰ
http://www.gentosha-mc.com/